생선장수 전원마을 염장지르기

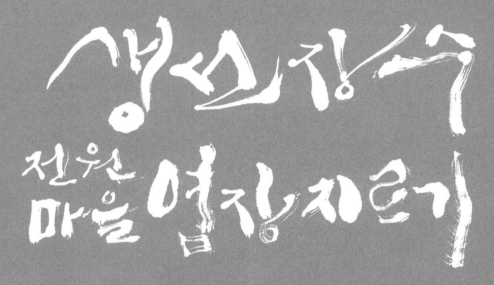

생선장수
전원 마을 열장지르기

정한영 지음

토담

만남을 위하여

　나는 이건희가 돈 버는 방법에 대해 책을 썼다는 이야기를 듣지 못했다. 가끔 정치적인 이유로 거부들이 책을 내기는 하지만 이 역시 돈자랑이 목적이거나 돈 버는 방법에 대한 비책은 아니었다. 그렇다면 시중에는 왜 그리 돈 버는 방법에 관한 책이 많이 나와 있는 것일까. 그 중에서도 주식이나 부동산 투자에 관한 책이 절대적인 양을 차지하고 있다.

　이상하지 않은가. 주식이나 부동산의 경우, 남들보다 빨리 움직여야 내가 돈을 벌 수 있는 분야다. 그 책을 읽고 '이거다!' 하고 모두가 같은 방향으로 움직인다면 저자 자신은 물론이고 그 책을 읽은 사람들 모두 돈을 벌기는 틀린 것이다. 결론적으로 말해 돈 버는 방법을 가르쳐 주는 책은 없다는 것이다.

　'상황이 이런 것을 알면서 당신은 왜 책을 쓰는 것이냐?'

누군가 묻는다면 나는 이 책이 나 외의 사람들에게 돈 버는 방법을 가르쳐 주는 책이 아니라는 것을 밝힐 수밖에 없다. 이왕 이렇게 됐으니 솔직히 말하자. 이 책은 세상 사람들에게 이렇게 하면 돈을 벌 수 있다는 것을 가르쳐 주는 책이 아니다.

이 책은 세상의 사기꾼들에 대하여 각별히 조심해야 한다고 말하는 책이다. 돈을 벌고 싶다고 무작정 덤벼들었다가는 오히려 돈을 잃을 수 있다고 말하는 책이다.

'그런 말을 해서 당신이 얻는 게 뭐냐?'

누군가 또 이렇게 물을 것이다. 얻는 것? 있다. 나는 신뢰를 얻는다. 나는 경매전문가이기 전에 생선장수였다. 누구보다도 실물경제에 대해 환하다. 세상의 물정에 대해 몸으로 겪은 사람으로서 감히 말하건대 생선 하나 파는 데도 술책이 필요하다. 여러분이 아무리 책을 많이 읽고 약게 나온다고 해서 세상의 장사꾼을 상대로 돈을 벌 수는 없다.

큰 장사꾼 뒤에는 언론이라는 든든한 버팀목이 있다. 부자, 언론, 정치인은 원래부터 한 통속이라는 사실을 잊어서는 안 된다. 작은 사기꾼의 경우, 큰 장사꾼들이 등에 지고 있는 언론을 끌어들여 그 부스러기를 주워 먹으려고 한다. 명심하자. 아무리 작은 장사꾼이라고 해도 부동산 시장의 장사꾼은 당신의 재산을 통째로 날릴 수 있는 위력이 있다.

나는 이처럼 세상의 크고 작은 장사꾼들을 이기기 위해서는 힘을 키워야 한다고 주장하는 사람이다. 힘을 어떻게 키워야 하는가? 많은 이론가들이 주장하듯 대형 자본을 이기려면 현재로서는 어소세이션이 가장 유력하다.

그동안 이 땅에 어소세이션이라는 이름으로 크고 작은 공투업체가 있어 왔다. 하지만 대개의 공투는 기획자 따로 투자자 따로 논다는 점에서 진정한 조합이 아니었다. 문제가 발생할 경우, 관리자는 아무런 피해를 입지 않는다. 기획자는 하나의 기획이 실패할 경우 다른 곳에 새로운 기획을 하면 그만이다. 조합장이 조합의 이익을 대변하려면 본인이 조합원이어야 한다.

현 지주클럽이라는 이름으로 활동하고 있는 공투는 관리자인 내가 직접 참여한다는 점에서 다른 공투와는 엄연한 차별성을 갖고 있다. 이것이 지주클럽이 신뢰를 유지하는 바탕이다.

또 하나 내가 신뢰를 유지하는 방법 중 하나가 정부, 언론의 논리에 부화뇌동하지 않는다는 것이다. 우리 지주클럽 식구들은 그 사실을 안다. 나는 첫 번째 책을 내면서 혹시라도 내 책이 여타 광고물과 같은 대접을 받을까 걱정했다. 하지만 결과는 의외의 신뢰로 돌아왔다. 책이 시중에 깔리면서 보다 많은 사람들이 정확한 눈으로 사태를 파악하게 됐고 우리 지주클럽을 믿게 됐다.

내가 두 번째 책을 내게 된 이유도 첫 번째 책을 내면서 활자의 위력을 알았기 때문이다. 많은 독자들이 내 편이 되어주었다. 이번 책에는 전작에서 말하지 못한 진실들이 담겨 있다. 아울러 이 책을 통해 더 많은 내 편이 생기기를 바란다. 한 사람은 큰일을 못하지만 여러 사람의 힘이 모이면 불가능한 일도 해낼 수 있다.

2012년 9월 17일 새벽, 지주식당 낡은 탁자 앞에서

생선장수 정한영

CONTENTS

언젠가 나름 전문가요 교수라는 분이 어느 전원마을 홍보용 동영상 자료에서 이야기 말미에 '블루베리를 키우면 여러분들 먹고 사시는 데 지장 없습니다.'라고 주장하는 모습을 봤다. 참으로 답답한 심정 가누기 어려웠다. 남진 이후, 현대인에게 가장 멋진 문구로 자리 잡은 '전원의 낭만'. 무엇이 문제일까. 누구보다 현실을 잘 알고 있는 이 바닥 사람으로서 한마디 하려 한다. 작금의 사태를 두고만 보는 것은 옳은 일이 아니기 때문이다.

PART 01

전원마을 요지경

PART 01 ▶ ▶ ▶ 전원마을 요지경

[정보와 광고]

　최근 서울의 집값이 폭락하면서 수도권 아파트로 생계를 유지하던 부동산 업자들이 방향성을 잃고 혼란스러워 하는 모습을 보였다. 그러나 프로들은 뭐가 달라도 달랐다. 잠깐 당황하는듯하더니 곧바로 궤도수정. 일제히 손가락을 들어 지방을 가리키기 시작했다. '저기가 답이다!' 지금은 모두들 지방을 향해 달려가고 있는 듯 보인다. 이러한 현상을 앞두고 나는 이미 많은 사람들에게 수도권에 집을 하나씩 장만할 기회가 왔다고 이야기했다. 그러나 소위 업자들은 빨리 서울을 털고 시골로 들어가라고 외친다. 인제 와서 '전원마을을 바라보라.'고 말하고 있는 것이다. 물론 전원마을은 유효하다. 허와 실에 대해서는 별도로 자세한 설명을 하겠지만 전원마을은 가치 있는 화두이고 서울과는 다른 또 하나의 기회임은 분명하다.

　지금의 전원마을 예찬론자들은 바로 얼마 전까지 서울을 100km이상 벗어나면 부동산이 아니라 그냥 땅이라고 말하던 사람들이 대부분이다. 그리고 지금 지방에서 부동산개발업을 하고 있는 사람들의 과거를 보면 대부분 얼마 전까지 수도권 오피스텔 분양이나 재개발권으로 먹고 살던 사람들이다. 이들이 현재 폭락하는 수도권 부동산시장을 떠나 지방에서 판을 까는 것은 어쩔 수 없을 것이다. 시장이 없는데 어떻게 업자가 존재할 수 있겠는가. 그렇다고 하지만 단순히 업자들의 생계를 위한 것이라고 치부하고 그냥 넘어가기에는 좀 심각해 보이는 부분이 있다.

부동산이라는 것은 신발이나 가방과는 차원이 다르다. 물건의 가격이 낮지도 않을뿐더러 일반인들은 평생 몇 건의 거래도 하기 어려운 아이템이라는 것을 감안할 때 현재 업에 종사하거나 하려는 사람들에게 보다 특별한 수준의 의식을 필요로 한다. 재력가가 아니고서야 집이나 땅을 팔고 사는 일은 자기 일생의 질적 수준을 담보하는 가슴 떨리는 행위일 것이다. 부동산업자들이 단순히 매매를 중개하거나 물건을 파는 업자로서가 아니라 어느 정도의 사회적 책임의식을 가지고 업에 임해야 하는 이유가 바로 여기에 있다.

목회자나 사회사업가가 되어야 한다는 소리는 아니다. 나 또한 이런 거창한 타이틀에 빠져 허우적거릴만한 배짱은 없다. 그러나 적어도 가족이나 나와 인연이 있는 사람들에게 만이라도 책임 있는 행동을 해야 한다고 생각한다. 인터넷에 보면 정보라는 이름의 공짜자료가 넘친다. 이를 배포한 사람들의 정체는 무엇일까? 그들은 왜 인터넷에 정보를 올리는 걸까? 사회에 대한 봉사정신인가? 모든 이를 이롭게 하겠다는 거룩한 홍익인간 정신의 발로인가? 세상의 모든 사람이 부자로 살기를 바라는 마음에서일까? 어느 정도 선의는 있을 수 있지만 100% 남을 위하는 마음은 아니라는 것이다.

절대빈곤을 벗어나면 부는 상대적인 개념으로 전락한다. 남들이 100원 벌 때 나도 100원 벌면 그다지 행복하지 않다. 나는 200원이나 500원쯤 벌어야 행복하다는 생각이 든다. 요즘 대한민국 중산층의 밥상을 들여다보면 아마 조선시대 정승의 밥상보다 못하지 않을 것이다. 임금님도 받지 못하던 이국의 음식은 다반사, 때 아닌 과일과 채소를 어렵지 않게 먹을 수 있다. 그런데도 만족스럽지 못하다. 옆집 밥상에, 김 부장의 옷에, 광고에 나오는 자동차에 자꾸 눈이 가는 것이다.

정보 제공의 차별화는 어쩔 수 없다. 불특정 다수에게 방향을 일러줄 수는 있어도 지름길을 알려주기는 어렵다. 모두에게 공평히 제공되는 정보는 무의미한 정보다. 더구나 그 지름길의 입구는 많은 사람을 받아들일 만큼 넓지 않다. 과부하가 걸리면 혼란만 가중될 뿐이다.

정보 제공의 차별화가 필연적이라는 이유를 구차하게 늘어놓는 것은 일부 부동산업자들의 무책임한 가르침이 누군가에게는 독이 될 수 있기 때문이다. 남의 밥그릇에 고기반찬은 올려놓지 못 해도 밥그릇은 차지 말아야 하는 것 아닌가. 꿍꿍이속이 있는 사람일수록 비급에 속하는 귀중한 정보를 '특별히', '모두에게' 공개한다고 말한다. 그럴 리도 만무하겠지만 설혹 비급에 속한다 하더라도 그것이 모두에게 공개되는 순간 정보의 속성상 그 가치는 바닥으로 전락하고 만다.

어떤 부동산 강사들은 '물정 모르는 시골노인들 꼬드기면 적당한 가격으로 땅을 구매할 수 있다.'고 한다. 정말 물정 모르는 소리다. 내가 전작 『생전장수 경매 염장지르기』에서 밝힌 것처럼 시골노인들이 일자무식에 소꼴이나 베면서 살고 있다고 생각하면 오산이다. 믿거나 말거나 그들 대부분은 부동산 이야기로 하루를 보낸다. 땅을 가지고 있는 사람들의 공통점은 배움이 많고 적음을 떠나서 그 삶의 깊이가 만만한 사람이 없다는 것이다. 이러한 이유로 좋은 땅을 싸게 팔 지주는 없기 때문에 눈먼 땅을 구매해서 개발한다는 것 자체가 불가능한 일이다.

2012년 8월 8일 기사에 의하면 통신회사에서 휴대폰 고객을 한명 유치하는데 광고비용으로 약 750만 원 가량을 지출했다고 한다. 내가 그동안 했던 말과 일맥상통하는 부분이 있다. 부동산과 관련하여 새로운 인연을 만나는데 드는 광고비용을 추정해보니 1인당 1,500만 원정도이며 그렇게 만난 사람 중에 지속적으로 연결되는 경우는 절반이고 다시 각별한 사이로 발전하는 경우가 또 절반이다.

이러한 현상이 나타나는 두드러진 이유 중의 하나가 우리가 현재 광고의 홍수시대에 살고 있다는 것이다. 어디를 보나 사방이 광고투성이다. 다들 '나를 봐주세요, 내 이야기를 들어주세요.' 애타게 손짓하며 누군가를 부르고 있다. 한눈에도 엉성해 보이거나 의도가 의심스러운 광고가 많다. 그나마 그럴듯해 보이는 것도 자세히 살펴보면 내 이익에 배치되는 것들이 대부분이다. 이제 어설픈 광고로는 소비자의 관심을 받을 수도 없으며 애써 준비하여 소비자와 눈길을 맞추었다 해도 단단하게 뭉친 경계심을 풀기 어려운 시대가 되었다. 부동산과 관련하여 많은 업체들이 고전을 면치 못하고 있는 이유 중 하나일 것이다.

나는 신규고객의 유치경쟁에 뛰어들어 그들과 함께 아수라장을 연출하는 데는 별 관심이 없다. 그것보다는 이미 맺어진 인연에 최선의 신뢰를 보태고 그 인연을 지속하는 것이 내 목적이다. 인연이야말로 서로에게 큰 이익을 가져다주는 원천이 되기 때문이다. 내가 이 무더위에 원고를 쓴답시고 땀 흘리고 있는 것은 몇 푼 되지 않는 원고료나 대단한 명예를 과시하기 위해서가 아니다. 기존의 인연을 더욱 특별한 관계로 발전시키고 나아가 어딘가 존재하고 있을, 작지만 소중한 인연을 만나고자 함이다.

[전원의 꿈]

저 푸른 초원위에 ♪~ (지랄하고 자빠졌네 ♬~)

그림 같은 집을 짓고 ♪~ (지랄하고 자빠졌네 ♬~)

당대를 주름답던 가수 남진의 노래였던가? 고등학교 수학여행 시절 여관방에서 목이 터져라 친구들과 함께 부르던 노래가 생각난다. 노래는 별로 못했지만 통기타에 맞춰 누구보다도 '지랄하고 자빠졌네~'는 크게 불렀던 기억과 함께 슬며시 웃음이 난다. 아무 의미도 없는 그 후렴구가 그때는 무엇 때문에 그렇게 재미있었는지 모르겠다. 요즘 누군가 전원마을에 대해 면전에서 아는 체하거나 일장 연설을 하려들면 그 노래가 떠오른다. 저 푸른 초원 위에 그림 같은 집을 짓고 사랑하는 우리 님과 한 백년 살고 싶다는 염원은 이해하지만 지금 전원마을의 실상을 제대로 알기 위해서는 냉정한 판단이 필요하다. 낭만적인 감상에 젖으면 그림 같은 집은 영원히 물 건너가고 만다.

나의 본가가 있는 충북 옥천은 「향수」의 시인 정지용으로 유명한 곳이고 현재 가정을 꾸리고 있는 영동은 감, 포도, 산골 오징어 등으로 유명한 전형적인 농촌이다. 나는 두 곳을 왕래하면서 내 삶의 터전을 일구어 왔다. 순수한 촌놈 출신으로서 누구보다 농촌에 대한 문제점과 전원마을에 대하여 하고 싶은 이야기가 많은 놈 중 하나다. 언젠가 나름 전문가요 교수라는 분이 어느 전원마을 홍보용 동영상 자료에서 이야기 말미에 '블루베리를 키우면 여러분들 먹고 사시는 데 지장 없습니다.'라고 주장하는 모습을 봤다. 참으로 답답한 심정 가누기 어려웠다. 남진 이후, 현대인에게 가장 멋진 문구로 자리 잡은 '전원의 낭만'. 무엇이 문제일까. 누구보다 현실을 잘 알고 있는 이 바닥 사람으로서 한마디 하려 한다. 작금의 사태를 두고만 보는 것은 옳은 일이 아니기 때문이다.

가장 문제가 되는 것은 전원마을의 조성원가다.

아무리 시골 땅이라 해도 대한민국의 땅값은 전국 어디를 가도 만만한 곳이 없다. 게다가 가치 있는 토지의 경우, 예상되는 개발이익을 업자들에게 얌전히 넘겨줄 땅주인은 없다. 그러다 보니 현재 조성되고 있는 전원마을들은 싼 땅을 찾아 자꾸만 산 속으로 들어가는 행태를 보이고 있다. 하지만 단순히 땅값이 싼 곳을 개발한다고 해서 돈이 남는 것이 아니다. 싼 땅은 입지 면에서 개발 비용이 많이 들어간다는 것을 알아야 한다.

많은 디벨로퍼들이 마치 몇 푼 들이지 않고 땅을 개발할 수 있는 것처럼 떠들고 있지만 사실 싼 땅은 계획서 상에 드러나지 않는 이런저런 이유로 인해 개발비용이 많이 들어간다. 때문에 싸서 좋다는 근거는 유효하지 못하다. 그러면 그들은 왜 굳이 이런 땅을 개발하려고 애를 쓰는 것일까.

여기에는 개발이익에 대한 논리가 작동하고 있다. 무언가를 고쳐 쓰는 것보다 새롭게 개발하는 것이 업자들 입장에서 볼 때 '많이 떨어진다.' 이를 통해 얻은 이익은 개인 영향력의 바탕이 된다. 그래서 돈 좀 있다 하는 사람들은 국회에 진출하게 되고 그런 뒤에는 자신의 자가당착적 논리를 정책과 제도에 반영시킨다. 그들은 다시 돈을 번다. 돈과 권력이 유착을 이룰 수밖에 없는 이유다.

내가 많은 지역을 돌아다녔지만 전원마을로 개발되었거나 조성 중인 경우 제대로 된 가치를 지닌 땅을 만나기 어려웠다.

두 번째 문제는 전원마을이라는 곳이 도저히 젊은 사람이 들어가 살기에 적당한 곳이 아니라는 사실이다.

젊은 사람이라고 해서 단순히 나이만을 문제 삼는 것은 아니다.

젊음은 에너지이고 활력이다. 혈기 넘치는 사람이 들어가 살기에 현 전원마을은 지나치게 외져 있다. 보기 좋은 꽃놀이도 하루 이틀이지 풀과 나무만 바라보고 살 수는 없다. 젊은 사람이 사는 곳에는 다양한 편의시설이 따라와 주어야 한다. 주말이면 가족과 함께 쇼핑을 해야 하고, 외식도 해야 한다. 남편이 회사에 간 사이 주부들은 헬스클럽에 다니며 몸을 단련하고 친구를 사귀어야 한다. 헬스 다니는 대신 한적한 오솔길을 산책하는 것이 더 경제적이라고? 주부들이 아니라 남자들이라고 해도 며칠만 그렇게 하다간 대번에 우울증에 걸릴 것이다. 아울러 나홀로 산책길의 안전은 누가 책임질 것인가.

그러나 무엇보다 현 전원마을의 가장 큰 허점은 교육여건의 미비다. 학교 가는 길이 도보로 두 시간 거리라면 이것이 아이들에게 과연 좋은 교육환경이라고 할 수 있을 것인가? 아침마다 데려다 주는 것도 하루 이틀이지 현실적으로 이런 곳에 젊은 사람이 들어와 사는 것은 불가능한 일이다. 젊은 사람이 살지 않는 마을을 정상적인 마을로 볼 수는 없다. 우리나라 지방의 문제가 바로 젊은 피가 부족하다는 것 아닌가. 왜 디벨로퍼들은 도농 간 불균형 문제를 해결할 생각을 하지 않고 반복하려 하는가.

세 번째, 전원마을에서의 생활을 너무 쉽게 생각하고 있다.

많은 사람들이 착각하는 것 중의 하나가 전원마을에 입주하기만

하면 매일 적당히 일하면서 노후를 편히 보낼 것처럼 생각하는 것이다. 삶이라는 것은 헤엄을 치는 것과 같아서 동작을 멈추려고 하는 순간 물에 빠져버리고 만다. 그럼에도 손쉬운 돈벌이에 대한 유혹은 우리 곁에 존재한다. 사기꾼들의 수작이 성공할 수 있는 것도 바로 이런 안일한 심리 때문이다. 편한 먹잇감을 찾는 물고기가 낚싯바늘에 걸리는 이치와 같다.

전원마을 하면 무조건 펜션부터 떠올리는 사람들이 있다. 전원마을을 홍보하는 지자체에서 체험마을이나 한옥마을 등을 예시하고 있기 때문이기도 하지만 연금으로 생활하면서 소일거리로 운영하는 펜션이야말로 노년의 아름다운 그림을 완성시켜 주기 때문이다.

단적으로 말하면 전원마을은 펜션업과 연결될 수 없다. 산림청 자료에 의하면 전국 산촌생태마을의 연간 가동률이 8%에 불과하다. 2~3% 대에 머무는 곳도 허다하다. 현재 전국에 약 1만여 개의 펜션이 난립하고 있다. 8천여 민박집과 합치면 1만 8천여 개의 유사한 숙박업소들이 경쟁하고 있는 셈이다. 객실 수만 놓고 봐도 콘도를 추월하고 있는 실정이다.

네 번째, 광고에서 보여주는 이상과 현실은 다르다는 것이다.

우리는 전원마을에 관한 정보의 대부분을 인터넷을 통해서 접한다. 그러기 때문에 홈페이지의 역할은 아주 중요하다. 재미있는 사실은 전원마을 조성 단계에서 인터넷이나 각종 언론보도가 활발해 질 때까지 인근 주민들은 관심도 없고 모른다는 사실이다. 왜 그럴까? 이유는 간단하다. 인근주민이 알게 되면 좋은 이야기보다 안 좋은 이야기가 더 빨리 퍼지기 때문이다.

그들이 이야기하는 것처럼 좋은 내용이라면 인근지역 주민들이나 그곳을 고향으로 둔 사람들의 관심이 더 높아야 할 것이다. 전원마을들은 홈페이지만으로 볼 때 과장을 벗어나 모든 사진들이 왜곡되어 있다. 설명 역시 비현실적인 미사여구투성이다.

인터넷 판매를 통하여 물건을 구입했다가 피해를 보는 사람들은 남을 원망하기 전에 '세상에 공짜란 없다.'는 평범한 진리에 대하여 스스로 생각해보아야 한다. 전원마을 광고에서 믿어도 되는 내용은 토지 지번 밖에 없다고 보면 된다. 그들 나름대로 자료에 기반을 둔 내용이라고 하겠지만 모든 항목에서 비판받을 여지가 있다.

다섯 번째. 전원마을은 투자 회수가 어렵다.

처음에야 한 백 년 살고 싶은 마음에 돈을 아끼지 않고 건축에 투자하고 싶겠지만 현대인의 삶이라는 것이 마지막까지 내 집에서 임종을 치를 수 없다는 것을 생각해야 한다. 몸이 건강할 때야 전원에서 살 수 있겠지만 마지막 순간에는 소위 삼성병원이나 아산병원으로 가기를 희망한다는 것이다. 본인이 희망하지 않는다 해도 자녀들이 그렇게 한다. 그렇게 되면 자녀들은 집을 처분하기를 원한다. 하지만 맞춤 양복과도 같은 맞춤식 전원주택은 그 가치를 다른 사람에게도 똑같이 인정받기 어렵다. 건축물이야 그렇다 해도 땅값에 대한 보장이라도 있어야 하는데 대부분 인근 땅과 비교할 때 상승은 고사하고 초기의 비용도 보전 받기 어렵기 때문이다.

결론적으로 우리가 먼저 전원마을에 대한 환상에서 벗어나야 한다. 현실을 바로 보면 업자들의 홍보자료에 놀아나는 일이 없게 된다. 진정 '저 푸른 초원 위에 그림 같은 집을 짓고 사랑하는 우리 님과 한 백 년 살고 싶'다면 말이다.

누구를 위한 전원마을인가

전원마을 사업과 관련한 내용은 인터넷을 통하여 자료를 찾아도 그리 어렵지 않게 만날 수 있다. 다만 독자들의 이해를 돕기 위해 개요에 대하여 여기에 간략히 설명하고자 한다.

전원마을 조성사업을 크게 나누자면 규모, 부지확보 및 주택건축 시행주체에 따라 '입주자 주도형'과 '공공기관 주도형'으로 구분할 수 있다.

입주자 주도형은 동호회, 지방이전기업 등 입주예정자가 사업 부지를 확보하여 제안하는 방식을 말한다. 즉, 땅 주인이 주체가 되는 사업으로 지주들이 모여 동호회를 만들고 동호회 등의 입주예정자는 마을정비조합 설립 추진위원회를 만들어 조합 설립을 인가받게 된다. 이후 농림수산식품부의 사업성 검토를 거쳐 승인이 이루어지면 신청한 예산을 지원받게 된다. 이때 마을정비조합원 자격은 토지주 만을 의미하지는 않는다. 구역 안의 토지 또는 건축물의 소유권이나 지상권을 가지고 있는 세대주를 말한다.

반면 공공기관 주도형은 시·군 또는 한국농어촌공사가 사업부지 확보 및 마을조성계획을 수립하여 입주자 모집 등의 사업을 주도적으로 추진하는 형태라고 볼 수 있을 것이다. 공공기관 주도형은 실제 분양률이 낮아 사업성이 재검토되고 있는 시점인데 현재 상태로는 지속되기 어려울 것으로 전망되고 있으며 최근에 이르러 대부분 사업을 포기한 상태이다.

입주자주도형 전원마을 조성사업 외에도 도시민들이 농촌에 정착하는 것을 지원하는 프로그램은 다양하다. 정착지원금, 빈집연계 등 개인적으로 농촌에 이주하는 것을 지원하는 프로그램과 농어촌 뉴타운사업이 대표적이다. 농어촌뉴타운사업은 현재 시범운영 중이며 '고령 농어업인의 젊은 출향 자녀가 귀농하여 현지 젊은 인력과 함께 지역농산업의 핵심 주체로 성장토록 지원하는 맞춤형 인력 육성지원 종합 프로그램'이라고 정의하고 있지만 관에서 주도하는 프로그램들이 구호만 요란하지 그 실효성은 '도 긴 개 긴'으로 차이가 없다고 보면 맞다.

따라서 이 책에서의 논의는 주로 입주자 주도형 전원마을 조성사업에 초점을 맞추게 될 것인데 가장 궁금한 부분은 역시 정부 지원의 범위일 것이다. 사업을 신청하고 승인받게 되면 마을조성 세부설계에 소요되는 비용에서 시작하여 기반시설 조성에 소요되는 비용 등을 지원하게 되는데 구체적으로는 진입도로, 마을 내 도로, 상·하수도, 오폐수처리시설, 전기·통신시설, 공동주차장, 공원, 마을회관 등이 그 대상이다.

금액으로도 적지 않은 금액인데 많을 경우에는 호당 5천만 원에 달한다. 20~29호는 10억 원 이내, 30~49호는 15억 원 이내, 50~74호는 20억 원 이내, 75~99호는 25억 원 이내, 100호 이상은 30억 원 이내의 지원이 가능하다. 물론 주택을 짓게 되면 추가적으로 융자도 받을 수 있다.

위에서 살펴본 바로는 적어도 20가구 이상이 모여야 하는데 도시민(사업신청일, 입주희망자 조사일 기준으로 서울시 및 광역시, 시의 지역 중 동지역에 주민등록이 되어 있는 자)이 50%이상이어야 하고 그 면적은 2만㎡가 넘어야 한다.

2012년 7월 현재 공식적으로 전국에서 130여 개의 전원마을조성 사업이 진행 중인데 사업 목적을 자세히 살펴보면 무엇이 문제인지 바로 이해할 수 있을 것이다. '농촌지역에 쾌적하고 다양한 형태의 주거 공간 조성을 지원하여 도시민의 농촌유입을 촉진함으로써 농촌인구 유지 및 지역 활성화 도모'라고 되어 있는데 도시민의 유입을 촉진하는 수단에 대해서는 구체적으로 적시하고 있다. 전술하다시피 호당 5천만 원에 육박하는 비용을 무상으로 제공하여 쾌적하고 다양한 형태의 주거 공간 조성을 지원하겠다는 것이다. 좋은 주거 환경만 있으면 행복이 가능다는 발상이다.

반면 유입 이후의 삶에 대해서는 다소 방관적이다. 추상적인 문구로 얼버무리고 있는 것이다. 관리 차원에서의 지원도 없다. 시장이나 군수가 추진 과정을 수시 점검하고 지도, 감독하겠다는 것으로 끝이다. 길 닦아주고 전기 넣어줬으니 알아서 열심히 살아보시라는 걸로 상황종료.

— 지역특성을 살린 마을을 조성하여 여유롭고 쾌적한 삶의 공간제공
— 도시민의 다양한 경험과 노하우를 활용하여 농촌지역 활성화
— 지역주민 간 공동체 형성을 강화하여 지속적인 유지·발전 도모

여유롭고 쾌적한 삶을 통해 지역을 활성화시키며 마을의 지속적인 유지와 발전을 도모하라고 되어 있는데 어떻게 하라는 것인지 도무지 아리송하다. 저절로 그렇게 된다는 것인지 인근 부락의 원주민들과 친하게 지내라는 충고인지 알 수가 없다.

조성된 전원마을이 인근 지역의 편의시설과 연계된다면 자연스럽게 생활권이 연결되어 소기의 목적을 이룰 수 있겠지만 그렇지 않은 경우 바로 무책임한 방치에 직면하게 되는 것이다. '경치 좋은 곳에 고맙게도 정부에서 지원하여 그럴듯한 마을을 만들었는데 텃밭

도 가꾸고 맑은 공기 마시니 정말 좋다.' 정말? 그렇게 살 수 있는 사람이 몇이나 될까.

정부에서 전원마을에 대하여 지원하는 이유는 간단하다. 전원마을이 바로 돈이기 때문이다. 이는 공짜폰의 원리를 생각하면 바로 알 수 있다. 스마트폰의 정가가 100만 원이라고 하면, 상식적으로 부모는 아이들에게 이런 것을 쉽게 사주기 어렵다. 아이들 역시 부모에게 함부로 떼를 쓸 수가 없다. 하지만 통신사는 일단 공짜라고 해놓고 구입을 부추긴다. 공짜라고 하면 부모들은 아이들 머릿수대로 다 사주게 된다. 일단 판매에 성공한 통신사는 2, 3년에 걸쳐 스마트폰 값 100만 원에 이자까지 보태 천천히 회수한다. 그리고 부가적으로 통신비를 가져가는 것이다. 이런 방법이 아니라면 전자회사와 통신회사들은 벌써 망했을 것이다. 상식적으로 세상에 공짜가 어디 있나.

전원마을로 두고 보면 전자회사는 디벨로퍼요 통신사는 지방자치단체다. 공시지가가 제곱미터 당 1,500원 하는 땅을 전원마을이라는 명목으로 개발허가를 내주면 이 땅이 공시지가 7만 원짜리로 돌변한다. 그러면 디벨로퍼는 개발비를 따내고, 지방자치단체는 수십 년간 재산세라는 명목으로 지방세를 받아낼 수 있다. 여기에서 끝나는 것이 아니다. 그 위에 수억 원에 해당하는 집을 짓고 산다면 지속적으로 세금을 거둘 수 있는 세원이 추가로 발생하는 것이다.

물론 개발과정에서 발생하는 세금은 별도다. 서울지역의 아파트 값이 떨어졌다는 기사가 떴는데도 재산세는 낮아지지 않았다는 시민들의 불만이 제기된 적이 있었다. 당연한 일 아닌가. 내가 수년전에 블로그에 올렸던 글이 생각난다.

'서울 아파트값 오른다고 왜 지방 사람들이 불만을 가지는가.' 라는 내용이었다. 대한민국의 세수를 위하여 서울시민들이 그 좁은 아파트에 살면서 세금을 더 납부하겠다고 하면 지방에서는 그냥 관심 끄고 있으면 되는 것이다. 그들의 아파트가 십억이 나가든 백억이 나가든 세금을 많이 납부해서 대한민국의 재정을 살찌우면 좋은 것 아닌가.

분명한 사실은 전원마을의 주체인 기관이나 개발업자들이 분양에 대해서는 혼신의 노력을 기울이지만 분양 후, 전원마을이 제대로 정착하는 것에는 관심이 없다는 것이다. 이것은 지금 수도권 아파트의 폭락과 관련해서도 여실히 드러나는 현상이다. 분양 후에는 어느 누구도 책임을 지지 않는다.

[탁란]

제 둥우리가 아닌 다른 새의 둥우리에 알을 낳는 새들이 있다. 알을 품고 부화시키는 것은 물론 그 둥우리 임자에게 양육까지 맡겨버린다. 속는 새가 멍청이라지만 숙주 새의 알과 비슷한 색의 알을 낳는 데야 당할 재간이 없다. 진짜 새끼보다 먼저 깨어난 가짜 새끼는 진짜를 둥지 밖으로 밀어 낸다.

탁란(托卵)은 새들의 세상에만 존재하는 것이 아니다. 우리 주변에서도 가끔 일어나는 일인지라 종종 연속극의 소재로 등장하기도 하는데 '전원마을 조성사업'에도 탁란 현상이 일어나고 있다. 인구의 유입으로 농촌에 활력을 일으켜 보겠다는 취지가 무색하게 벌써부터 특정단체의 자기 시설 확장에 이 사업이 활용(?)되고 있는 것이다. 이미 여러 정부의 정책이 이런 수모를 당하고 있는 것은 주지의 사실이다. 노인 요양시설, 방과 후 공부방 등 꽂을 수 있는 데라면 어디든 빨대가 주렁주렁 꽂혀 있다. 내가 '전원마을 조성사업'의 자료를 조사하고 현장 답사를 진행하던 중에도 이런 사례가 목격되었다.

○○군에 전현직 교사 31세대 규모의 전원마을이 조성되었다. 물론 국민 세금이 왕창 들어갔다. 30~49호면 15억 원 이내이니 31세대로 15억 다 빨아들였을 것이다. 아이들 방학 중에 농촌체험학교와 영어학교를 운영하고 농산물 직판 등의 활동을 추진하겠다고 했다. 사업 취지에 맞게 도시민의 농촌유입 촉진 및 지역 활력 증진에 기여하겠단다. 교사들과 그 가족들이 이주하겠다는 단서도 잊지 않았다. 그런데 여기 알려지지 않은 사실이 하나 있다. 그들은 특정종교 대안학교 교사들이었고 결국 기숙형 전원학교 ○○○대안학교가 들어 선 것이다. 곧 ○○○전원마을의 다른 이름은 특정종교시설인 ○○○대안학교였던 것이다. 물론 특정 종교를 주요과목으로 하는 학교이다. '교사선교회 소속의 선생님들이 10년간 준비하고 기도하며 설립한 학교'라고 공공연히 드러내고 있다.

전원마을 조성사업과는 전혀 다른 취지의 결과가 나타난 것이다. 물론 기숙형 전원학교가 생기면 누군가 도시에서 내려와 살게 되는데 뭐가 문제냐고 항변할 수 있을 것이다. 그러나 손바닥으로 해를 가릴 수는 없다. 가려지는 건 겨우 자기 눈뿐이다. 그럼 왜 처음부터 종교시설이라고 말하지 않았는지 궁금하다.

종교단체의 꼼수에 놀아난 것인지 짜고 친 고스톱인지 ○○군의 엉뚱한 집행은 사회적 판단을 받을 필요가 있다고 본다.

탁란조는 숙주가 없는 틈을 타서, 그 둥우리에서 알을 한 개 또는 몇 개 물어내고, 대신 그 자리에 자신의 알을 한 개 낳는데, 그 알은 보통 숙주의 알보다 먼저 부화한다. 이런 자기들만의 폐쇄형 시설이 전체 전원마을 조성사업을 망가뜨리는 탁란조의 역할을 하는 것은 아닌지 염려가 앞선다. 어쨌건 동작 참 빠르다. 빨라도, 너~~~무 빠르다.

[구판장 이야기]

단지 내 산책로, 운동장, 바비큐장, 수영장과 연못, 편의점, 노래방, 단체 연회실, 클럽하우스 등 다양한 부대시설로 품격 있는 전원형 타운하우스.

이글은 횡성 모 전원마을의 안내문 내용이다. 솔직히 '모'라는 말을 빼고 직접 언급하고 싶지만 타인의 명예를 훼손한다는 것이 사법 대상이어서 사실 여부를 떠나 시비에 휘말릴 여지가 있다. 사기꾼들의 명예도 보호되어야 한다는 것이 입법 취지인듯싶다. 이런 송사에 휘말리지 않기 위해서 일단은 모 전원마을이라고 하겠다.

굳이 해당 업체에 대하여 언급할 가치도 없다. 이들이 말하는 배산임수(이 지역은 북서향이다.) 어쩌고저쩌고 하는 말이 다른 업자들과 별반 다를 바 없기 때문에 특정 업체를 지정할 필요도 없고 그냥 전원마을들이라고 해도 될 것 같다.

위의 전원마을 안내문에서 거론하는 단지의 경우 60세대 규모이다. 60세대에 노래방을 운영하고 편의점을 운영한다는 환상은 어디서 나온 것일까. 무지일까? 아니면 뻔뻔함일까?

전원마을에서 중요한 것은 생활편의시설이다. 전원마을에 입주하는 사람들이 필요로 하는 환경은 전통적인 시골생활이 아니라 도시생활의 편리함에 덧붙여 전원의 친환경적인 혜택이기 때문이다. 그래서 저런 억지스러운 이야기를 하고 있는지도 모르겠다. 대표적인 예로 장성군에서 전국 최초로 시행한 농어촌뉴타운개발사업의 경우 국무총리까지 와서 입주 환영식을 했고 사업비만 437억이 들어갔다. 200세대 규모에 700명이 입주가 완료되었지만 현재까지 담뱃가게조차 없다는 것이다.

다시 말해서 시골에 그 흔한 구판장도 없다. 그런데 60세대 주거단지에 노래방을 만들고 편의점이 들어온다는 소리를 하고 있다. 하기야 지리산 산청에 전원마을을 조성한다고 하는 곳은 커피 전문점이 들어올 것이라고까지 이야기한다.

마치 사이비 종교 집단들의 선교활동을 보는 듯하다. 돈 앞에서는 교수라는 직함을 팔아가면서까지 이렇게 뻔뻔해질 수 있는지 듣는 사람이 민망할 정도다. 비루먹은 원숭이 데리고 한바탕 소란을 피워대는 한낱 떠돌이 약장사의 호객행위를 보는 것 같다.

여기서 잠깐 구판장에 대하여 언급하고 넘어가야겠다.

구판장이란 원래 조합을 형성하고 생활용품 등을 공동으로 구매하여 조합원에게 싸게 파는 곳을 말한다. 마을에서 비교적 형편이 어렵거나 농사를 덜 짓는 집에 호구지책으로 제공되는 독점적 권한이다. 요즘도 시골구석을 돌아다니다 보면 구판장이라는 낡은 간판이 걸려 있는 점방(가게)을 어렵지 않게 만날 수 있다.

구판장이라는 이름을 걸고 있는 점방은 마을 사람들의 일상에 요긴한 역할을 한다. 소주와 라면, 아이들 주전부리 거리는 물론 급할 때 소화제나 목장갑, 부탄가스 등 어떻게 이런 소소한 것까지 갖추고 있나 감탄하게 만들기도 한다.

그러나 알고 보면 본래의 뜻이나 목적에 부합하는 구판장은 몇 되지 않는다. 기존의 시골 사람들이 구멍가게를 열 경우, 별 뜻 없이 구판장 간판을 내걸었고 이에 대한 소비자의 저항도 전무했다. 파는 사람, 사는 사람 모두 구판장을 지금의 마트 비슷한 것으로 자연스럽게 인식했던 것이다. 심지어 노인들에게는 '물건 파는 곳=구판장'이라는 개념이 박혀 있는데 이는 일종의 언어 인플레로 고유명사가 일반명사화 되는 현상이다. 흔히 진통제를 '아스피린', 화학감미료를 '미원'이라고 부르는 것과 같은 이치이다.

이야기가 약간 엇나갔지만 이처럼 구판장은 아이들에게는 문구점이고 새댁에게는 마트이며 아저씨들에게는 노래방의 역할도 하는 곳이다. 하지만 지금 시골을 한번 둘러보라. 구판장이 있는 곳이 몇 군데나 있는지 그나마 있는 곳도 대부분 문이 닫혀 있다가 주말이나 관광철에 외지인들의 발걸음이 잦을 때만 여는 곳이 허다하다. 때문에 그간 '구판장'이 감당해오던 긍정적인 기능은 이제 잃어버렸다고 할 것이다.

사람이 거주하는 마을에서 생활 편의시설은 중요하다. 하지만 있어야 하는 것과 있는 것이 가능한 것 사이에는 큰 괴리가 있다. 점포 하나가 그 자리에 들어서기 위해서는 그에 따른 복잡한 역학관계가 존재한다.

즉 투자금 대비 이익금이 맞아 떨어져야 누가 들어와 장사를 해도할 게 아닌가. 집이 생기면 무조건 편의시설이 덩달아 들어설 거라고 낙관하는 것은 관공서에서 모르고 하는 소리다. 이는 해당 담당자가 직접 농촌지역에 거주하지 않았기 때문에 하는 소리거나 알고도 버젓이 사기 치는 행위이다. 나는 구판장이 있는 마을에서 살아왔기 때문에 이 문제에 대해 자신 있게 말할 수 있다.

자, 보자. 1970~80년대 시골 마을이라고 하면 100호 정도만 되도큰 마을이었다. 중요한 것은 100호에 거주하는 사람이 500~700명 정도에 이르기도 했지만 이곳을 고향으로 두고 있는 사람들은 이 숫자보다 더 많다는 것이다. 그리고 수백 년간 조상의 묘가 있어 왔다. 묘 또한 시골을 구성하는 한 구성체이다. 이러한 이유로 고향은 아니어도 선영을 중심으로 인적 네트워크가 형성된다.

지금의 전원마을의 경우는 한집에 평균 2명 이상 거주하고 있다고 보기 힘들다. 하지만 과거 시골 마을들은 한 집에 서너 명의 아이들을 거느린 부부와 노모들이 있었고 장가가지 않은 삼촌이 사랑방에 기거했다. 이들은 모두 소비의 주체였기 때문에 시골 구판장은 나름 바쁜 곳이었다. 낮에는 생필품을 팔았고 저녁에는 주점의 역할도 해야 했기 때문이다.

하지만 지금 생활은 어디 그런가. 아이들 귀저귀 조차 홈쇼핑에서 주문한다. 그리고 가족 중 적어도 한 사람은 매일 읍내에 차를 가지고 나갔다 와야 하는 상황이다. 학교에 가든 관공서에 가든 병원에 가든 말이다. 그러면 올 때 구판장의 대표 상품인 소주도 100원 싼 농협 하나로마트에서 사 가지고 온다는 것이다. 그리고 대한민국의 교통망이 얼마나 잘 되어 있는지 몇만 원의 상품만 주문하면 득달같이 배달도 해준다. 심지어는 배달하는 차를 얻어 타고 들어오는 서비스까지 받는다.

문제는 여기서 끝나지 않는다. 수백 명의 사람들이 이곳을 고향으로 두고 있기 때문에 추석과 설을 빼고도 부모님 생신이나 집안 대소사와 관련하여 시골을 다녀간다. 100호 정도의 마을이면 1년에 한 번씩만 찾아온다고 해도 매주 두 명 정도는 방문한다.

이들은 동네 입구에 있는 마을 구판장에 들려서 술과 과자를 산다. 비싸도 굳이 그곳에서 사는 이유가 있다. 첫사랑 꽃님이의 근황을 물어보는 등 동네 소식을 들을 수 있을 뿐만 아니라 자기가 출세해서 고향에 왔다는 은근한 자랑을 할 수 있기 때문이다. 구판장에서 한 이야기는 금세 온 동네 사람들에게 퍼진다.

이곳은 오랫동안 형성된 생활 커뮤니케이션의 장이며 문화의 연결고리가 된다. 하지만 이런 독점적 지휘를 가지고 있는 구판장이라고 해도 세월은 속일 수 없다.

지금 현재 전원마을을 조성하는 개발업자들이나 공무원들은 현대 생활에서 지역 공동체를 형성한다는 것이 얼마나 어려운 것인지 모르고 있는 듯하다. 전통 시골은 수십 년 아니 수백 년간 공동체로 이어져 온 관계이기 때문에 가족 이상으로 끈끈한 관계를 유지할 수 있지만 요즘 이것을 기대하는 것은 어렵다.

현재 전원마을의 경우, 좋은 의미에서 만든 연결고리가 오히려 분란의 씨앗이 되기도 한다. 이웃 간의 사소한 문제로 재판을 한다는 것은 과거 시골마을에서는 있을 수 없는 일이지만 인위로 조성된 전원마을의 경우 이해관계에 의한 분쟁이 잦을 수밖에 없다.

과거 시골마을은 좋으나 싫으나 함께 어울려 살아야 했지만 지금은 나와 맞는 사람들과 형성되는 맞춤형 커뮤니케이션을 원한다. 하지만 내가 본 전원마을의 경우는 자연스러운 공동체를 형성하기에는 무리가 따르는 작은 규모가 대부분이었다. 규모의 경제학을 충족시키지 못하는 전원마을은 아무리 화려한 수식어를 달고 있다고 해도 구두선에 불과하다는 사실을 잊지 말아야 한다.

얼마 전 봉화에서 대규모 전원마을을 조성하려고 시도하다가 실패한 사례가 있다. 여기서 대규모라는 것이 500세대였다. 500세대의 단지 규모에 수영장과 각종 편의시설을 짓겠다는 것이었다. 그것도 두메산골에? 가만히 생각해보자. 500세대면 아파트 2개동이다. 담뱃가게 하나 정도는 인정할 수 있는 규모다. 기존의 시설과 연계하지 않은 독자적인 자족 마을을 건설한다는 것은 불가능하다. 세종시 규모면 모를까.

[고요한 삶]

　제주 올레길의 성공 이후 각 지자체마다 그와 유사한 산책길을 조성하느라 분주하다. 이런 와중에 제주 올레길에서 여성 관광객이 살해되는 일이 벌어졌다. 제주 경찰청에서는 올레길 범죄가 지역적 특수성과 무관한 일반 범죄사건이라고 발표했다. 올레길이 위축되는 현상을 우려한 듯하다. 그러면서도 올레길 안전취약지역에 대해서는 안전시설을 확보하고 순찰활동을 강화하겠단다.

　한 도둑, 열 경찰이 못 막는다고 엄밀히 따지면 범죄란 것이 단순 대책으로 막을 수 있는 문제가 아니다. 그럼에도 해당 부서에서는 CCTV를 설치하고 순찰대도 추가 배치함으로서 대책을 강구하겠다고 하니 올레길의 위상이 대단하기는 한가보다. 관광객 유치는 물론이고 주변 상점 활성화에도 큰 기여를 하고 있다는 보고가 있다.

　누구라도 한적한 길을 혼자 걷고 싶은 낭만을 꿈꾸었을 것이다.

그 꿈을 이루어주는 곳이 바로 올레길이다. 그런데 저녁 무렵 여성 홀로 올레길을 걷다가 갑자기 누군가가 나타난다면 참 난감할 것이다. 도시 골목에서도 모골이 송연해지는 순간이다. 남자라고 해도 심약한 요즘 도시민이 팔뚝 굵은 아저씨 한 사람을 당할 수 있을까?

많은 사람들이 시골에 대하여 비현실적인 낭만을 품고 있다. 이해하기 어렵겠지만 하루 종일 다녀도 사람하나 구경하지 못할 수도 있는 곳이 시골인 것이다. 그런데도 북적거리는 휴가철에 관광지만 다녀서 그런지 도시민들은 그렇게 생각하지 못하는 것 같다.

내가 걱정하는 것 중의 하나가 지금의 전원마을에 대한 이런 부분이다. 전혀 일면식도 없는 사람들 수십 명을 산속에 밀어 넣고 지역 공동체를 형성하라고 한다. 탁상공론의 전형적인 예다. 어떤 사람의 머리에서 나온 생각인지 참 갑갑하다. 지금 전국에서 형성되고 있는 전원마을의 가장 큰 문제점 중 하나가 범죄에 대한 대책이 전혀 없다는 것이다. 5분 안에 지구대에서나 보안회사에서 달려올 수 있는 거리에 있는 전원마을이 과연 몇이나 되는가.

더구나 이런 공동체는 현대인의 정서에 전혀 맞지 않는다. 아파트 문화가 삭막하다느니 어쩌니 해도 아파트는 외부의 관심으로부터 사생활을 보호하고 지켜준다. 회사에서 아무리 안 좋은 일이 있어도 집에 돌아와 자신의 소파에 누우면 우리는 휴식을 얻을 수 있다. 또한 도시인에게는 선택의 자유가 있다. 세탁소에 맡긴 세탁물에 문제가 있을 경우 곧바로 크레임을 제기하면 된다. 정 그 업소가 마음에 안 들면 다른 업소를 이용하면 그만이다. 하지만 시골에서는 이런 자유가 없다.

현재 진행하고 있는 전원마을 프로젝트의 경우, 대단위 기획이라고 해서 1.5킬로미터 이내에 다수의 집을 짓겠다고 공표하고 나섰다. 1.5킬로미터라고 하면 버스 정류장을 두 개나 세워야 하는 넓은 지역이다. 제법 많은 세대가 들어올 것 같지만 실제로 그 안에 들어올 수 있는 숫자는 한정되어 있다. 많아 봐야 500세대이다. 500세대면 겨우 아파트 두 동이다. 과연 500세대 바라보자고 상가와 같은 편의시설이 얼마나 들어올 수 있을 것인가.

어떻게 해서 세탁소 하나, 슈퍼마켓 하나가 들어왔다고 하자. 이럴 경우, 소비자는 세탁소 주인에게 아무리 불만이 있어도 거래처를 옮길 수 없다. 그 세탁소가 유일한 세탁소이기 때문이다. 염가봉사라던가 특별혜택 같은 것도 기대할 수 없을 것이다. 경쟁상대가 전무한 독점업소에게 서비스라는 개념은 존재하지 않는다. 그나마 이것이 업소와 주민 간의 문제라면 좀 낫다. 500채 모여 사는 마을에서 조금이라도 눈 밖에 나는 짓을 했다가는 금세 공동체 사회에서 왕따가 된다. 부부싸움 한 번 했더니 다음 날 동네 이슈가 되어 있다고 생각해 보라.

목사가 마음에 안 든다고 신앙을 버려야 하나? 교회가 마음에 안

들면 교회를 옮기면 그만이다. 교회를 안 다니는 것보다 교회를 옮기는 것이 낫다. 그러나 옮길 교회가 없을 경우, 마을에 단 하나의 교회만 있을 경우 그 사람은 자신의 신앙을 어떤 방법으로 지켜야 하나. 선택지가 많으면 혼란스럽지만 선택지가 아예 없는 것보다는 행복한 고민이다. 자기 멋에 사는 현대인에게 선택의 여지가 없다는 것은 큰 속박이다. 이처럼 다양성이 존재하지 않는 사회의 미래는 얼마나 암울한 것인가.

펜션 이야기를 좀 더 해보자. 말이 좋아 특화마을이지 아무리 공기 맑고 경치 좋은 곳에 전원마을 만들어 놓고 한옥마을, 체험교실, 산촌생태마을 간판 걸어 봐야 찾아오는 사람이 없다면 아무런 의미가 없다. 8% 가동률이라면 일 년 중 336일은 손님이 없다는 이야기이다. 산속에 도 닦으러 들어갔다면 모르지만 아무도 찾아오지 않는 적적함을 누가 견딜 수 있을 것인가. '전원요양마을'이라는 비아냥도 고마울 정도다.

외래어를 사용하니 좀 더 있어 보이는지 모르지만 펜션이라는 것 자체가 그냥 민박집이다. 보다 잘 꾸며 놓았다는 이유로 세간의 호기심을 유발할 수는 있겠지만 하룻밤 숙박료로 민박집이나 모텔에 비해 상대적으로 많은 비용을 지불할 사람은 생각보다 많지 않다. 한옥마을의 경우도 마찬가지다. 그 가격 주고 한옥마을에 묵느니 오히려 저렴한 템플스테이가 더 운치 있지 않겠는가.

현실이 이러한데도 왜 그들은 한옥마을이나 펜션업으로 구매자를 낚는 것일까. 이유는 간단하다. 은퇴한 부부에게 그저 시골에 거주하기 위해 전 재산인 수억의 퇴직금을 그냥 쏟아 부으라고 하는 것보다 펜션업을 해서 수입이 발생한다고 하면 결정이 보다 쉬워지기 때문이다. 펜션업은 좋은 유혹거리인 것이다. 그러나 펜션이 망해도 개발업자는 책임을 지지 않는다는 사실을 잊지 말아야 한다.

2011년부터 은행권에서 펜션에 대한 대출 심사를 제한하고 있는 것으로 볼 때 이미 펜션업이 사양사업이라는 것은 공공연한 사실이다. 언뜻 생각하면 여유롭게 놀러 다니는 사람들이 많은 것 같지만 반드시 그렇지는 않다. 일정 수준 이상의 수입을 가지고 있는 사람이면 휴가철에 비행기를 탄다. 어느 정도 돌아다니다 보면 그 동네가 그 동네 같은 대한민국을 떠나는 것이다.

어렵던 시절에는 펜션이나 별장이 부의 상징이며 선망의 대상이었는지 모른다. 하지만 현재의 대한민국은 더 이상 동네 중국음식점에서의 식사를 외식으로 봐주지 않는다. 자장면이 가난한 자들의 한 끼 땟거리를 위한 싸구려 식사가 된 것처럼 펜션의 의미도 이제 서민들의 야유회 장소 이상으로 발전할 가능성은 없다.

주 소비층이 경제 하위단계로 이전할수록 수익률은 낮아진다. 주인장의 수고와 정성에 사례금을 주는 것이 아니라 소비자의 권리 운운하며 최소 비용도 지불하지 않으려는 고객만 늘어나고 있는 것이 지금 펜션업체의 현주소이다.

나는 그동안 우리나라에서 시행되는 전원마을의 전부는 아니지만 많은 곳을 답사했다. 대부분의 전원마을이 보안문제라던가 편의시설, 교육, 사생활 보호 면에서 크고 작은 문제를 안고 있었다. 시골의 지역 공동체는 한 순간에 이루어진 것이 아니다. 수백 년간에 걸쳐 형성된 관계이다. 이것을 몇 사람이 탁상공론 격으로 그림을 그린다고 해서 성공적으로 만들 수 있을까?

많은 부유층이 그들만의 배타적 집단을 형성하기 위해 노력을 기울인다. 외부인으로부터 권리를 보호하기 위해 담을 높게 쌓는 것이다. 이는 질타할 일이 아니라 부러워해야 할 일이다. 우리도 담을 쌓아야 한다. 가난하다고 해서 권력자들이 쉽게 밟고 들어올 수 있는 집구석이 되어서는 안 된다. 그들의 손아귀에서 우리는 재산을 보호해야 한다.

지금 지주클럽은 담을 높게 쌓는 중이다. 그 담은 돈다발로 쌓는 담도 아니고 일부 기획자의 손에 의해 만들어진 담도 아니다. 작금의 사태에 대하여 뭔가 잘못 돌아간다는 것을 아는 사람들이 공감대로서 쌓아올리는 담이다. 그 담은 세상과의 소통을 단절하고자 하는 것이 아니다. 우리가 옳다고 믿는 가치관을 지키기 위한 수성의 담이다.

[간단한 산수]

진실이 있어도 말하지 못하는 경우가 있다. 모르면 어쩔 수 없다지만 대부분 용기가 없어서 입을 다무는 것이다. 간단한 산수에 지나지 않는 것을 무관심 반, 귀찮음 반으로 그냥 방치한다. 또는 그래야만 먹고 살 수 있는 사람들이 너무 많다.

최근 분양하고 있는 ○○○마을이 있다. 홍보물에 군수님 얼굴까지 첨부하고 그림 같은 조감도(ㅎㅎ, 그림 맞다!) 턱 올려놓으니 당장 사지 않으면 다른 사람이 채 갈 것만 같고 가만히 있는 것만으로도 왠지 손해 보는 느낌이 든다.

분양금액도 3.3㎡당 30만 원 정도면 적당해 보이고 개별 단독등기, 도로개설, 법무사 책임등기, 개발 계획…… 뭔지 몰라도 신뢰감 팍팍 드는 단어들이 나열된다. 다만, 지금까지 여러분에게 보여드리지 않은 단 하나의 정보가 있다. 바로 '토지이용계획도'이다. 살펴보니 이 지역이 농림지역인데다 보전관리지역이다.

그런 거 몰라도 상관없다. 또, 안들 농림지역이면 어떻고 또 보전관리지역이면 어떻단 말인가, 집 지을 수 있고 내가 살아가는데 지장 있는 것도 아닌데, 라고 생각해온 분들은 여기에 주목하시기 바란다. 특히 아직 전원주택을 구입하지 않은 분은 더더욱 주목하실 필요가 있다.

건폐율이란 게 있다. 뭐 용적률이야 시골 땅에서 위로 올라가봐야 거기서 거기라고 보고 거론하지 않겠다. 제1종주거지역의 건폐율은 50%이다. 보전관리지역은 20%이다. 이 말이 무슨 말이냐. 내가 100평의 땅을 구입했어도 건축을 할 수 있는 면적에 제한이 있다는 이야기다.

'뭐, 어차피 크게 지을 것도 아닌데……'

바로 여기에서부터 착오가 발생한다. 땅값을 결정하는 땅의 가치라는 것은 그 땅이 어떠한 기능적 조건을 가지고 있느냐를 말하는 것이다. 지금부터 앞에서 거론했던 간단한 산수 풀이 시작!

어떤 땅이 있다고 치자. 임야에 오지라지만 집도 지을 수 있고 해서 3.3㎡당 50만 원에 구입했다. 그러나 그 넓은 땅에 집으로 지으려고 할 때, 실질적으로 대지로 쓰일 수 있는 넓이는 20%에 불과하다. 330㎡(100평)을 3.3㎡당 50만 원에 구입하면 5,000만 원.

이것은 마이더스의 손을 가졌다고 외치는 고명하신 디벨로퍼들의 계산법이고 그들의 화려한 수사에 넘어간 순진한 소비자들의 계산법이다. 은퇴 자금을 날리기 싫다면 지금 생선장수의 산수를 배워야 한다.

① 66㎡(20평)×50만 원=1,000만 원
② 264㎡(80평)×10만원=800만 원
①+②=1,800만 원

간단하지 않은가? 그런데도 개발업자들은 1,000만 원짜리 임야를 5,000만 원으로 만들었으니 마이더스의 손이라고 자기 입으로 홍보하고 다닌다. 혹시 마이너스의 손은 아니신지. 게다가 자세히 살펴보면 아직 분할하지도 않은 토지이다. 그런데도 버젓이 분양을 하고 있다. 선수가 아니더라도 부동산을 조금이라도 아는 사람들끼리는 낯 뜨거운 일이다.

현재 우리나라의 모든 땅은 도시계획을 완료해놓고 있다. 이 중 도시계획상 주거지역이 아닌 곳은 현대적 개념으로 명당이라고 하기 어렵다. 간혹 풍수 한다고 떠드는 분들이 명당이라고 하는 곳이 있는데 주거지역으로서 가치가 없는데도 과연 명당이랄 수 있을까? 죽은 사람이 누워있기에 좋은 땅이 명당이라고 한다면 모를까.

도시계획이란 담당자 마음대로 분필선 죽죽 그려놓는 일이 아니다. 향후 도시 발전 가능성을 염두에 두고 설계한 것이다. 토지는 이용실태와 특성, 장래의 토지이용 방향 등을 고려하여 도시지역·관리지역·농림지역·자연환경보전지역의 4가지 용도지역으로 구분된다. 각 용도지역마다 인구밀도와 특성 등을 따져 건폐율과 용적률의 최대한도를 규정한다. 농림지역과 자연환경보전지역의 건폐율은 20% 이하로 엄격히 제한된다. 이것이 쉽게 바뀔 수 있다고 생각하는 것은 '지목변경'과 혼동하여 착각하는 경우다.

게다가 멀쩡한 1,000만 원짜리 임야를 5,000만 원으로 만들기 위해 들어가는 비용 또한 무시하기 어렵다. 이런 비용은 당연히 분양가에 반영된다.

일부 디벨로퍼님들이 말하는 '땅을 개발해서 전원마을 부자가 될 수 있다.'는 이야기는 소비자의 착시를 이용한 사탕발림에 불과하다. 성형수술해서 쌍꺼풀 만들어 봤자 원판 불변, 유전자 불변의 원칙이 있다. 예쁜 사람이 수술해야 더 예쁜 거지, 영 아닌 사람이 수술한다고 해서 성공적인 얼굴을 갖는 것은 아니다. 법원 경매장에 가 보면 이런 경로를 거쳐 물건으로 나온, 비참한 감정가의 전원주택이 비일비재한 것이 현실이다.

[농어촌뉴타운사업]

　얼마 전 전국 최초로 장성농어촌뉴타운 입주식이 있었다. 입주식 하루 전에 우연히 현장을 방문할 기회가 있었는데 막상 그 곳에 도착하고 보니 마을이라는 느낌보다 단순히 집단거주지라는 생각이 앞섰다. 이곳저곳 둘러보면서 마침 입주식을 준비하는 공무원들이 있어 분양 상황을 물어 봤는데 분양이 완료되었단다. 상가 입구에도 당당한 위용을 뽐내며 '단독상권'이라는 플래카드가 걸려 있었다. 다음날 언론 보도를 보니 역시나 찬사 일색이었다. 이건 뭐 용비어천가도 아니고 민망할 정도였다.

　아무리 생각해도 이해할 수가 없었다. 생각이 제대로 된 사람이라면 과연 이런 곳에 입주할 마음을 먹을 수 있을까. 더구나 그런 곳에 상가를 분양할 생각을 했다니 어이가 없을 뿐이었다.

　호기심 발동! 자료를 찾아 분석해 봤다. 결론적으로 참 웃기는 분양이었다. 매입한 세대수보다 임대 입주가가 훨씬 많은 건 뭔가? 반쪽짜리 분양도 못되는 어설픈 땜빵식의 분양이었다. 그리고 단독상권이라는 광고 문안이 무색하게도 상가 분양이 되지 않고 있었다.

그들이 내건 임대 가격이 어떤 근거로 산출된 것인가 계산해보니 예상대로 아주 단순한 답이 나왔다.

공사기간 : 2010. 6 ~ 2012. 5

규모 : 주택 200세대(분양 70세대, 임대 130세대) 복지시설 547평

임대료 : 보증금 1,200만 원 / 월19만 원

사업비 : 438억 원(국비 121억 원, 국비융자 133억 원, 지방비 184억 원)

다시 담당 공무원을 만났다. 역시나 예상했던 대답이었다. 분양이 완료되었단다. 분양은 물론 대기자가 무려 80명이나 된다는 친절한 설명까지 곁들였다. 사업에 대하여 무한한 자부심을 가진 듯 했다. 하지만 임대 입주자가 130세대라는 말은 끝내 꺼내지 않는다.

분양가와 임대수입을 합해보니 총 사업비 438억 원에 대한 수익은 전혀 기대할 수 없었고, 국비 융자금액 133억 중 분양된 70세대를 뺀 나머지는 사실상 미래의 미분양이다. 현재 임대를 통해 들어온 돈은 금액은 국비융자금액에 대한 이자를 맞추기 위한 미봉책에 불과했다.

세대 당 2억 원의 비용을 들여 1억 원에 분양하였는데도 분양이 되지 않은 것이다. 임대 입주 130세대 당 평균 임대료 19만 원을 합해 보니 총 2,470만 원이다. 과연 이 돈으로 국비 이자나 메울 수 있을지 의심스러웠다. 그나마 현재 임대로 들어온 세대수가 계속 유지될 것인가 하는 것도 문제다. 만약 임대가 이어지지 않을 경우에는? 상상만으로도 입 안이 씁쓸하다.

일이 이 지경임에도 불구하고 정부는 언론을 앞세워 대대적인 선전을 감행했다. 국무총리까지 와서 입주식을 할 정도로 분위기를 잡았지만 TV에 비친 영상은 썰렁함 그 자체였다. 관계자들끼리 박수 치고 테이프 커팅하고 연설하고 사진 찍는 행사였다.

지금 가장 성공했다는 농어촌뉴타운이 이 정도다. 서울의 뉴타운 실패에 이어 우리는 이제 머지않아 농어촌뉴타운의 실패에 관한 보도를 접하게 될 것이다.

장성을 방문한 이후로 나는 관에서 주도하는 농어촌뉴타운사업에 대하여는 아예 관심을 끊었다. 이제껏 대한민국 공무원이 사업을 주도해서 성공한 사례가 있기는 한 걸까?

강남 집과 공단 집

전원마을에 대한 문제점 중의 하나가 건축의 규모다. 통상 평당 350만 원의 전원주택 건축비를 감안할 때 1억5천만 원 정도의 건축비와 주변 조경비가 들어가게 되고 토지 가격으로 5천만 원에서 2억 원 정도의 비용을 지불하게 된다. 이는 수도권 지역의 적당한 아파트 하나의 가격이거나, 중견기업에 다니다가 퇴사해서 받는 퇴직금 정도의 수준이라고 보면 맞다. 하지만 여기에서 중요한 사실 하나를 언급하고자 한다.

많은 사람들이 처음 집을 지으려고 할 때 나만의 집을 지으려고 한다. 어쩌면 이런 차별화는 전원마을을 꿈꾸는 사람의 로망이기도 할 것이다.

수년전에 지인에게 주택을 낙찰 받아준 적이 있었다. 낙찰가격이 좋았기 때문에 별 걱정을 하지 않았다. 하지만 막상 명도를 받아서 집 내부에 들어가는 순간 어이가 없었다. 알겠지만 경매진행 중에 건축도면을 일반인이 볼 수 있는 방법이 없다. 그래서 통상 그 건물이 지어질 당시의 일반적인 도면을 기준으로 삼거나, 외부 출입문이나 창문을 보면서 지레짐작 내부구조를 그릴 수 있을 뿐이다. 대개 열의 아홉은 그런 짐작이 맞아 들어갔다.

하지만 이 집의 경우는 완전히 상식 밖이었다. 현관문을 열어보니 그 넓은 1층에 방이 고작 두 개 밖에 되지 않았던 것이다. 방의 크기가 엄청났고 거실 역시 운동장만큼 넓었다. 아무리 생각해도 그 면적에 방이 두 개만 들인 것이 이해가 되지 않았다. 나중에 안 사연이지만 전 주인의 경우, 노부부만 살았기 때문에 많은 방이 필요하지 않았던 것이다. 나름 웨딩업체를 운영할 만큼 여유가 있었던 때문이었는지는 모르지만 1층에 부부침실 외에 넓은 욕조를 둔 목욕방만 가외로 만들었다. 그리고 내부에 계단을 두어 위층에 오르도록 설계했다가 형편이 어려워지면서 2층을 분리하여 세를 놓았던 것이다. 또 취미생활을 위해 지하에 원목 바닥재로 댄스홀을 만들어 놓았다. 얼마나 자주 사용했는지는 모르지만 방음시설까지 갖춘 제대로 된 공간이었다.

당시 이 집을 낙찰 받은 지인은 각기 아들과 딸을 자녀로 두었기 때문에 부부 침실 외에도 두 개의 방이 더 필요했다. 그렇다고 여유롭지 않은 형편에 2층을 쓰기에는 이래저래 걸림돌이 많았다. 어쩔 수 없이 2층은 세를 놓아야 하는데 그렇다고 다 큰 두 자녀를 같은 방에 재울 수도 없는 노릇이었다.

고육지책으로 댄스홀을 황토방으로 개조하고 반지하의 창문을 확대하여 최대한 주거 편의성을 확보하여 아들 방으로 이용할 수 있게 했다. 이러기 위해서 기존의 시설을 철거하고 새로 꾸미는 비용이 추가로 들었다.

내가 이 이야기를 하는 것은 개인주택의 경우 너무나 '개인적으로' 건축을 한다는 것이다. 마음이야 그곳에서 천년만년 살고 싶겠지만 현실이 어디 그런가. 잘해야 10여 년이다. 일정한 세월이 흐르면 이런저런 이유로 집은 다른 사람에게 넘어가게 되어 있다. 하지만 이 질문을 던졌을 때 많은 사람들은 그런 것에 거의 관심을 두지 않는다. 그때 일은 그때 가서 생각하자는 식이다. 노부부도 분명 그런 인식하에서 집을 건축했을 것이다. 팔 생각을 전혀 하지 않고 당장의 편의만 생각했던 것이다.

최소한, 집에 가치를 부여하려면 남에게 팔지는 않는다고 해도 내 자녀에게만큼은 물려줄 생각을 해야 하지 않을까. 우리 아들에게, 내 며느리에게 필요한 방이 몇 개일지, 반지하 공간은 어떤 소용으로 쓰일지 정도는 내다보고 집을 지어야 한다. 주택은 맞춤양복처럼 한 철 입고 버리는 소비재가 아니다. 나만의 만족만 추구하다가는 투자 대비 마이너스 효과를 초래하게 된다.

또한 맞춤주택을 지을 때는 시간적으로 멀리 내다보는 일 외에 공간적 요소를 고려해야 한다. 똑같은 집이라고 해도 강남에 있는 것과 산업공단에 있는 집은 다르다. 나만 좋으면 된다는 식으로 공단 한가운데에 '강남스타일'로 집을 짓는 것은 어리석은 짓이다. 산업단지에는 근로자들에게 맞게 임대형 원룸을 짓는 것이 좋지 이태리제 대리석으로 치장하는 것이 중요한 게 아니다.

지금 전원마을에 짓는 집들을 보자. 지금이야 각종 홍보매체를 통해 떠들고 있으니 외지에서 관심을 많이 갖는 것처럼 보이지만 막상 세월이 지나고 나면 인근 주민들이 관심을 가질 수밖에 없을 것이다. 그들에게도 흥미 있는 집이어야 한다. 이런 점에서 볼 때, 과연 보편적인 기호를 염두에 두고 지은 집인지 생각해보아야 한다.

최근 전원주택 건축 경향을 보면 별 메리트가 없는 상황인데도 무조건 고급 자재에 럭셔리 디자인을 선호하는 분위기다. 산업공단 한가운데에 강남형 고급 주택을 짓는 우를 범하는 것은 아닌지 돌아보아야 할 것이다.

[황금알을 낳는 오리]

전원마을이 무슨 보물이나 되는 것처럼 떠드는 사람들이 많아서 하고 싶은 이야기가 무진장 쌓였다. 그 이야기를 모두 하고자 하니 필력도 달리고 출판사 눈치도 보인다. 그래서 하고 싶은 욕을 조금 참고 전체 내용을 간단하게나마 요약하고자 한다. 이 책이 대단한 전문지식을 다루고 있지 않다고 해도 적어도 이를 통해 독자들이 진실이 무엇인가에 관해 생각하게 된다면 성공이라고 믿는다.

현재 전원마을이 개발업자들에게 주목받는 이유는 간단히 말해 싼 땅을 사서 비싸게 팔 수 있기 때문이다. 싼 땅이 비싼 땅으로 둔갑하는 요인 중의 하나가 지자체의 개입이다. 지자체가 왜 개발을 지원하는지는 전장에서 이미 이야기했다. 약간의 목돈을 투자하면 그 몇 배에 달하는 돈을 여러 해에 걸쳐 야금야금 회수할 수 있기 때문이다. 개발 한 번에 떨어지는 돈이 만만치 않다. 하지만 일반인들은 겉으로 보이는 이런 부분, 정부의 지원책에 혹 가게 되어 있다.

옛날 한 마을에 황금알을 낳는 오리가 있었다. 사람들은 그 농부를 부러워했다. 가만히 있어도 매일 황금알을 하나씩 낳아주니 말이다. 하지만 농부는 뱃속에 든 황금알을 한 몫에 차지할 욕심에 오리의 배를 갈랐다. 뱃속에는 황금알이 아니라 똥만 들어 있었다는 이야기. 가만히 있었으면 부자가 되었을 것을, 욕심 때문에 일을 그르친 것이다. 지금 부동산 전문가라는 사람들은 바로 이런 짓을 우리에게 요구하고 있다. 이구동성으로 오리 배를 가르자고 꾄다.

"당신은 황금알을 낳는 오리를 갖고 있다. 내가 이것의 배를 갈라줄 테니 그 안에 든 황금알을 나누어 갖자."

이런 데 속아 넘어가는 농부가 어리석게 느껴지는가? 하지만 농부에게는 그럴 수밖에 없는 이유가 있었다.

일단 오리가 황금알을 낳게 하려면 농부는 황금을 먹여야 한다. 먹은 것보다 큰 알을 낳을 수 없지만 언론에서의 대대적인 관심과 보도로 인하여 신기한 오리알에 대해서 떠들 것이고 사람들의 호기심이 발동하여 황금오리가 마치 부가가치를 만드는 것처럼 여겨질 것이다.

먼저 농부는 먹이인 금값을 마련하기 위해 돈이 필요하다. 가난한 농부는 오리에게 먹일 금값을 마련하기 위해 대출을 받는다. 신용도에 따라 차이가 있겠지만 그냥 연 5%라고 하자. 금을 먹는 오리는 연 5%라는 금융비용을 발생시키면서 뱃속에서 알을 만든다. 이런 과정을 거쳐 드디어 오리가 황금알을 낳았다고 하자. 이것을 내다 팔면 돈이 된다. 중요한 것은 금이 돈이 되기 위해서는 정부에 세금을 내야 한다는 것이다.

만약 금을 파는 시장이 멀리 있고 자신은 계속해서 오리를 돌봐야 한다면 농부는 누군가에게 판매를 위탁할 수밖에 없다. 통상 위탁판매 수수료 10%를 떼일 것이고 만약 홈쇼핑에 위탁한다고 하면 30%를 뗄 것이다. 여기에 오리농장을 갖추려면 토지를 임대하여야 하고, 귀한 오리를 지키려면 세콤에 의뢰해야 하며, 그러는 와중에 보험회사 직원이 와서 오리가 사망할지도 모르니 보험에 들라고 할 것이다.

재미는 없지만 소설을 이어가자. 이러한 요소들이 개입하면서 원가는 상승한다. 여기서 문제가 끝난다면 그나마 낫다. 사람들이 오리가 만든 금덩어리에 관심을 보이는 것을 알고 일부 장사꾼들이 유사품을 만든다. 오리 똥을 묻혀서 마치 같은 제품인 것처럼 시장에서 유통할 것이다. 한마디로 유사품은 시장에서 날개 돋친 듯 팔릴 것이고 세간의 주목을 받던 황금알은 오히려 판매가 저조하게 될지도 모른다. 오리만 믿고 사업을 벌인 농부는 어쩔 수 없이 유사품에 대한 견제를 위하여 변호사를 통하여 소송도 해야 하고 상표등록도 해야 한다. 그러는 와중에 시사고발 프로에서 불법 황금알 유통이라는 방송이 나가게 되면서 판매는 더욱 저조하게 될 것이다. 농부가 오리의 배를 가를 수밖에 없었던 숨은 이야기였다.

전원주택이 바로 그렇다. 주말마다 자녀들이 손자들 데리고 와서 잔디밭에서 뛰어놀고, 자전거를 타고, 바비큐 파티를 하고 매일매일 행복으로 넘칠 것이라고 생각하는가? 우리가 보는 전원마을은 진실이 아니다. 허상에 불과하다. 매체는 화무십일홍, 1년 중 며칠 동안의 아름다운 모습만 보여주는 것이다. 만일 행복한 삶이 하루하루 지속되고 TV에 나오는 인터뷰처럼 모든 것이 여유롭고 풍족하다면 왜 그 많은 시골 출신들이 고향을 떠나 도시에 살려고 하는지를 생각해 봐야 한다.

전원주택 사업에 대기업이 뛰어들고 있지 않다. 그 이유는 간단하다. 앞뒤 계산을 해보면 돈이 남지 않기 때문이다. 200세대 모집에 1개 군이 뛰어들어 홍보한다면 지금 도시에서 시행되는 소규모 주택 사업에 구청장이 홍보하고 다니는 것과 뭐가 다른가?

지금 이 사업의 수익성은 정부 보조금 가지고 장난하는 사업일 뿐이다. 하지만 입주한 사람이 집을 팔 때는 이러한 보조금이 없다는 것을 알아야 한다.

일부 업자들이 전원마을을 에둘러 광고하면서 웰빙을 말하고 있는데 한마디로 '개 풀 뜯어 먹고 트림하는 소리'다. 아무리 전원생활이 좋다고 하지만 웰빙에 파묻혀 사는 시골 노인들보다 도시에서 방부제 먹고 사는 노인들이 평균 연령이 높다. 이것이 시사하는 바에 유의하여야 한다. 여름이 끝날 무렵 한적하고 평화로운 시골을 드라이브해보기 바란다. 진한 농약 냄새가 차창을 통해 밀려들어 올 것이다. 이것이 시골생활인 것이다.

아내와 연애할 때의 일이다. 미래에 대한 기대 속에서 아내 왈.

"매일 매일 행복하면 좋겠다."

분위기에 맞게 나도 '그래 걱정하지 마. 내가 매일 매일 행복하게 살게 해줄게.' 했어야 했는데 이놈의 입방정.

"매일 매일 행복한 여자는 미친년이야. -_-;:"

그날 결국 백화점에 들러야 했다. 부츠 한 켤레로 아내의 화를 풀기는 했지만 그 생각에는 지금도 변함이 없다. 삶이 어떻게 매일 매일 행복할 수 있는가.

행복은 귀하기 때문에 행복인 것이다. 전원생활이라는 것도 그렇다. 정말 풍요롭고 행복한 시간은 꽃이 피어있는 시간 정도다. 대부분의 생활은 비가 새고 허물어진 집을 고치거나 정원을 가꾸는 데 투자해야 한다. 그처럼 매일 반복되는 일상의 피곤함에 젖어야 하는 것이 우리가 오해하고 있는 전원생활의 참 모습이다.

외할머니가 따다 주신 옥수수가 맛있고, 할아버지가 지펴주시는 군불이 따뜻할지는 모르지만 땡볕에서 밭을 일구어야 했던 할머니의 노력이나 굽은 허리로 장작을 패는 할아버지의 수고는 아무도 생각하지 않는다. 그나마 요새 아이들은 삶은 감자나 옥수수보다 피자를 원한다.

"할머니, 나 옥수수 싫어. 피자 시켜줘~"

그러나 우리의 할머니는 손주의 간절한 소원을 들어줄 수 없다. 왜? 할머니는 첩첩산중에 있는 전원마을에 살기 때문이다. 지금 대한민국에서 진행하는 대부분 전원마을이 그런 곳, 피자 배달이 되지 않는 외진 곳에 위치해 있다. 할머니는 손주를 달랜다.

"여기 피자집 없어, 그냥 옥수수 먹어."

"싫어, 나 이제 할머니 집에 안 와!"

대략 난감한 상황이다. 내가 앞에서 황금알을 낳는 오리에 대하여 언급한 이유가 있다. 많은 사람들이 전원생활을 하면 많은 비용이 들지 않을 것이라고 생각하지만 현실은 그렇지 않다. 개발업자들이 말하는 그럴듯한 수입원은 전부 현실성 없는 이야기다. 소비자를 혹하게 하는 입발림에 불과한데도 지역 공무원들의 전시행정은 분위기를 띄우기에 여념이 없다.

지금의 할머니들은 휘트니스센터에 다니며 분위기 있는 레스토랑을 찾는다. 답답한 시골에서 흰수건 머리에 두르고 콩밭 매고 있다가 손주들이 찾아오면 감자 삶아 주는 옛날 할머니들이 아니다. 막걸리집보다 호프집에서 건배를 외치며 한일전을 응원하는 것이 지금의 할아버지들이다.

이럼에도 불구하고 아직도 아궁이에 불 때는 전원생활을 그리워하고 있는 것은 어쩌면 담당 공무원들과 전원마을을 홍보하고 다니는 교수들뿐이 아닐까 싶다.

[세상의 모든 부모가 원하는 것]

대부분의 도시인들은 전원생활을 꿈꾼다. 딱딱한 도시에서 긴박한 스케줄을 보내다보면 때로 전쟁 같다는 생각을 하지 않을 수 없다. 갑갑하고 꽉 짜인 도시 생활이 자연을 동경하도록 만드는 것은 당연하다. 그러나 농촌으로 온가족이 이주한다는 것은 말처럼 쉬운 일이 아니다. 은퇴 이후라면 상대적으로 결정하기 쉽겠지만 가장이 경제 활동에 종사해야만 하는 경우, 결정내리기 어려울 것이다.

이런 경우라면 어떨까? 집은 근교의 전원마을이지만 직장은 도시에서 그대로 유지할 수 있다면 가능성을 염두에 둘 수 있지 않을까? 그런 전원마을, 아니 전원주택이라도 좋을 것이다. 투자 수익성까지 있다면 더욱 좋을 것이다. 하지만 이러한 전원마을은 이미 개발이 되었거나 땅값이 비싸다. 눈먼 땅이 어디 없나 찾는 행위 자체가 눈먼 행위인 것이다.

대한민국이 어설픈 개발업자들이 개발할 만한 곳이 남아 있을 만큼 그렇게 넓거나 못 배운 사람들만 살고 있는 곳이 아니라는 것이다. 모든 일에는 항상 원인과 이유가 있다. 나만의 특별한 재주가 있다고 떠드시는 분들의 대부분은 사기가 직업이다.

전원마을이 성공하기 위한 요점은 아이를 키우는 젊은 새댁이 살고 싶은 곳이어야 한다는 것이다. 집에 만약 사과나무가 한그루 있다면 가을에 따먹기도 하고 나무가 주는 풍요로움과 여유를 즐길 생각에 저절로 마음이 뿌듯할 것이다. 하지만 동네에 과일가게가 없고 새댁이 직접 그 사과나무를 관리해야 식구들이 사과를 먹을 수 있다면 이야기가 달라진다. 낭만은 어디론가 사라지고 새댁의 입에서는 매일 이런 이야기가 쏟아질 것이다.

"내가 힘들어서 못 살아! 자기도 일찍 들어와서 가지치기도 하고 벌레도 좀 잡아."

현실의 새댁은 그저 마당에 꽃을 키우는 것으로 만족해야 한다. 사과는 슈퍼에서 사먹는 것이다. 마을이라는 것이 이런 기능을 맡아 주어야 한다. 사과 파는 곳이 있어야 한다는 것. 마을은 사람들이 후손을 낳고 키우기 위한 곳이지 호젓하게 도나 닦는 곳이 아니다.

나이든 사람도 마찬가지다. 보다 건강하고 노년의 삶을 꿈꾼다면 옆집 아이들이 뛰노는 것과 새댁이 웃는 것을 보는 즐거움이 있어야 한다. 꽃보다 사람이 아름답다고 했다. 유모차를 끌고 다니는 새댁의 모습이, 가장 아름다운 봄의 모습 아닐까.

어머니와 시장에서 장사를 할 때 이야기다. 요즘처럼 날씨가 무더운 여름 한낮에는 다니는 손님도 없고 장사꾼들끼리 이런 저런 수다를 떨기 마련이다. 어머니의 말씀.

"요즘 자식 다 필요 없어. 요양원에 1억 원만 주면 죽을 때까지 잘해주는데 뭐 하러 자식에게 돈 주고 며느리 눈칫밥 먹어."

뻣뻣한 자식 정한영, 보고만 있다가 끼어든다.

"엄마, 엄마는 덩치가 좋아서 그런 데 가면 다른 노인들 휠체어 밀어주어야 하고 매일 낮에 풀 뽑으면서 살아야 돼! 눈칫밥 먹어도 자식이 사는 모습 옆에서 보는 것이 가장 행복한 거야."

"이놈의 자식이?"

어머니는 하루 종일 내게 분풀이를 해댔다. 또 이런 이야기도 있다. 시장에서 장사를 하시는 어느 할머님이신데 대처에 나간 자식이 소식이 없어서 늘 걱정이었다. 그러다가도 운전 중 과속으로 자식의 벌금 통지서가 날아온다. 그런 날은 쏜살같이 은행에 달려가 벌금을 납부하고 돌아와서 시장사람들에게 커피를 쏜다. 주위에서 장사를 하는 아주머니들은 왜 다 큰 자식 벌금 내주시냐고 한마디씩 하지만 할머니의 이야기는 이렇다.

"너희들도 늙어서 보면 알거여. 어디서 무엇을 하나 자식 소식을 이렇게라도 듣는 것이 얼마나 행복한 것인지를……."

요즘 들어 나도 바쁘다는 핑계로 부모님을 자주 못 찾아뵌다. 그러다 보니 하루가 멀다 하고 어머니께서 전화를 하신다. 심지어는 중요한 편지가 와 있다고 해서 들르면 어디 마트에서 보낸 홍보용 우편물만 덜렁 놓여 있다. 거의 사기 수준이지만 자식을 보고 싶어 하시는 부모님의 마음에 가슴이 뭉클해진다.

젊은 새댁은 웰빙이나 풍수에 관심 없다. 주변에 마트가 있고, 문화센터 등 세상과 연결될 수 있는 끈이 있고, 아이들을 키울 수 있는 환경이 더 중요하다. 지금 전원마을에 살고 있는 노인들도 외로운 나머지 자식과 좀 더 가까운 곳으로 이주하고자 희망한다. 말로는 자식 필요 없다고 하지만 어느 부모가 자식이 그의 자식들과 사는 모습을 보고 싶어 하지 않겠는가.

간혹 부동산 투자에 대해 자문을 구하러 찾아오는 사람들 중에 자식 낳는 것을 미루고 돈을 벌겠다고 하는 사람들이 있다. 이들의 논리는 자식을 키우려면 돈이 먼저 있어야 한다는 것이다. 말이 통하는 상대 같으면 핀잔을 안긴다. 자식에게 주어야 하는 것은 돈이 아니라 시간이다. 자식에게 줄 수 있는 가장 좋은 선물은 젊은 부모로서 그 곁에서 오래 머무는 것이다.

우리네 생활에서 삶의 활력은 대부분 젊은 여성이 만든다. 세상을 온통 둘러보라. 삶의 원동력이란 아이를 낳을 수 있는 젊은 여성들의 관심사와 맞닿아 있다.

그리고 그런 여자를 위해 무엇인가를 할 수 있는 것이 남자의 행복이고 의무인 것이다. 강남 집값이 비싼 이유는 딱 하나다. 아이를 키우는 여성들이 가장 좋아하기 때문이다. 그런 여성들이 가장 좋아하는 곳을 주고 싶은 것이 모든 남자들의 마음인 것이다.

'올 여름 대대적으로 유행할 옷!'

대체 미래의 유행을 어떻게 알아맞힐 수 있단 말인가. 신문사는 마치 미래의 유행을 안다는 듯 말하는 것도 모자라 독자에게 이런 정보를 알아야 한다고 강조한다. 이는 본말이 전도된 격이 아닌가. 유행이란 게 무엇인가. 대중의 선택이 시장에서 좋은 반응을 보이는 것 아닌가. 유행은 당연히 사후적인 문제이다. 그러나 현재 우리들의 '유행'은 누가 시켜서 하는 것이 되어버렸다.

투자에 있어서도 마찬가지이다. 투자 정보를 제공하는 사람은 우리가 투자를 통해 돈을 벌기를 바라지 않는다. 투자를 통해 돈을 쓰기를 바란다.

PART 02
사기꾼과 판사

PART 02 ▶ ▶ ▶ 사기꾼과 판사

[디벨로퍼 감별법]

소위 전문가라 자칭하는 디벨로퍼developer들이 넘쳐난다. 그들의 철 지난 전망이나 확인할 수 없는 예측, 대책 없는 평가 등은 소비자들의 올바른 판단을 돕기는커녕 시장을 어지럽히기 일쑤다. 아파트 매매가가 내려갔다는 기사가 나오는 순간 '거 봐라 내가 진즉에 아파트 사지 말라고 하지 않았냐.' 외치는 전문가가 우르르 쏟아져 나오는 식이다. 매번 어디서 무얼 하며 숨어 있었는지 이슈만 터지면 등장하는 역술가급 전문가들이다.

그들이 주장하는 성공사례는 헤아릴 수 없을 만큼 많지만 매번 투자자를 새로 구하느라 홍보에 매달린다. 매번 성공해서 회원들에게 엄청난 이익을 듬뿍 안겨주었다면 굳이 홍보할 일이 있을까? 가만 앉아만 있어도 이런 회원들이 넘쳐날 거다.

"선생님, 제 돈 좀 굴려주세요! 잘 되면 이익금 제가 반 뚝 떼어 드

릴게요."

이들을 보면 가까운 친구나 친척을 투자자로 유치시키는 경우는 거의 없다. 그렇게 이익실현이 쉽고 성공이 보장되어 있다면 고모나 조카 하다못해 사돈의 팔촌부터 챙기는 게 인지상정이 아닌가.

동창이나 친구들로부터 신뢰받지 못하고, 가족들로부터 다시 전화하지 말라는 소리를 들으며 전문가 연하는 디벨로퍼가 있다면 언론플레이로 해결하려 할 것이 아니라 밑바닥부터 다시 시작해 올라오기 바란다.

어떤 전문가는 자신의 카페에 회원이 많다고 자랑한다. 왜 회원이 많아서는 안 되는지는 「마누라와 정보」편에 상세히 다루어지겠지만 언뜻 생각해도 그 많은 회원들에게 골고루 이익이 돌아가기나 할까, 하는 의심이 든다.

내 카페에는 정회원 수가 적다. 정회원이 되려면 일정한 요건을 갖추어야 한다. 정회원이 되려면 면담도 해야 하고 5백만 원(이 책의 출판과 함께 4백만 원에서 5백만 원으로 상향 조정한다.)의 회비를 납입해야 한다. 물론, 이 돈은 그냥 내고 없어지는 것이 아니라 경매나 공투 참여시 환원된다. 다시 말해 땅으로 전액 환원되는 금액이다.

우리가 도시락을 먹을 때 밥은 각자의 것을 먹어도 반찬을 공유하면 입맛을 돋우고 식사하는 즐거움도 찾을 수 있다. 지주클럽의 공투란 작은 반찬을 공유하는 것이다. 그렇다고 각자의 도시락 바닥에 숨겨 놓은 계란까지 공유할 필요는 없다. 가입비에 대해서 의문을 품는 사람도 있고 아깝다고 망설이는 사람도 있을 것이다. 하지만 그렇게 생각한다면 혼자서 도시락을 먹으면 된다. 나는 굳이 그런 사람들에게 내 장아찌를 나누어줄 생각이 없다.

회비는 그저 나를 믿는다는 의미, 형식적인 절차에 지나지 않는다. 회원이 되면 이런 것은 아무 것도 아니다. 우리 카페 회원들은 아예 인감이나 필요에 따라 주민등록증을 맡기기도 하고 최소한 인감증명서와 위임장은 미리 맡긴다. 급한 경매 건을 처리하려면 뒤늦게 위임장 보내고 할 만한 시간적 여유가 없기 때문이다.

수 년 간 이렇게 해왔다. 내 쪽에서 서류를 맡기라고 강요한 적은 한 번도 없다. 하다 보니 필요에 의해, 회원들의 요청으로 자연스럽게 되어 온 것이다.

내가 보는 디벨로퍼에 대한 기준은 단순하다. 그들을 믿고 함께하는 회원들이 있는지의 여부만 따지면 된다. 일을 할 때마다 새로운 회원을 구하기 위해 장밋빛 청사진을 들이미는 자들은 과거가 의심스러운 사람이다. 나랑 사귀면 무조건 고급 레스토랑에서 밥 먹고 명품백도 사주겠다, 이런 말에 혹하기보다는 이전에 어떤 행동을 했는지 알아보라. 눈이 멀면 사기꾼과 결혼할 수 있다. 애시당초 이런 사람과는 연애하지 말아야 한다.

디벨로퍼들이 요새 한창 떠드는 이야기를 보면 다세대에 투자하라, 전원마을에 투자하라는 소리가 높다. 사회생활에서 은퇴한 노인들에게 꼬박꼬박 들어오는 월세는 굉장히 유혹적이다. 다세대를 분양 받으면 노후가 보장된다는 디벨로퍼의 말만 믿고 그들은 덜컥 다세대를 계약한다.

전작 『생선장수 경매 염장지르기』에서도 밝혔지만 다세대도 아파트와 마찬가지로 소비재다. 처음에는 깨끗하다는 이유로 세입자도 잘 들어오고 공실률이 적다. 꼬박꼬박 월세가 들어오니 좋을 것이다. 그러나 세월이 흐름에 따라 다세대 주택지는 금세 슬럼화된다. 오히려 아파트의 슬럼화보다 그 속도 면에서 더 빠르다고 할 수 있다.

다세대 주택의 특성상 공동의 관리주체가 없다보니 개인이 알아서 관리를 해야 하는 실정이다. 당연히 전문적이고 체계적인 관리를 기대할 수 없다. 아무리 내 집에서 쓸고 닦고 관리를 잘한다고 해도 옆집에서 관리에 소홀하게 되면 동네 자체가 지저분해진다. 오지랖 넓게 집집마다 따라다니며 벽을 새로 칠해라, 죽은 정원수 좀 파내라, 쓰레기 좀 한 곳에 버려라 잔소리할 수는 없는 노릇이다.

전원마을 역시 디벨로퍼들이 단골로 추천하는 투자대상이다. 일단 덩치가 크다보니 성공시키기만 하면 떨어지는 게 많다. 그래서 전원마을을 선전하기 위해 온갖 꾀를 짜내는데 심지어 유명인사에게 땅을 공짜로 주마 제안하기도 한다. 유명인을 미끼로 일반 소비자를 설득하려는 것이다.

"이곳에는 장차 예술인 마을이 조성될 예정입니다. 유명 짜한 작가 아무개도 내려온다고 했고, 또 다른 아무개도 이곳에 온다고 했습니다. 유명인들이 찾아올 만큼 환경이 좋은 곳입니다. 강남에 살던 그들이 이곳을 택한 것은 이유가 있는 것입니다."

이런 식이다. 하지만 대부분의 유명인은 공짜로 땅을 준다고 해도 받지 않는다. 땅만 주면 뭐하나, 그 몇 배에 달하는 건축비가 들어갈 텐데. 누가 연고도 없는 그곳에 억 단위 건축비를 들여가며 내려와 살 것인가. 그가 유명하지 않은 사람이라면 덥석 땅을 받을 것이다. 하지만 이런 사람은 선전이 도움이 되지 않으므로 주는 사람도 없다. 디벨로퍼들이 이런 일들을 하는 것을 안다면 유명인 아무개가 이곳에 오기로 했다고 꼬드겨도 일단 지켜보아야 할 것이다. 나중에 가서 '원래 오기로 했는데 개인사정으로 못 오게 되었습니다.' 이런 소리 할 것이다.

나의 어머니는 도시락 반찬으로 장아찌를 자주 싸주셨다. 그것도 전통식의 아주 짠 장아찌였기 때문에 월요일에 가득 싸주시면 금요일까지 상하는 일도 없이 그냥 그대로 밥만 싸 가면 됐다. 이런 나의 반찬은 아주 요긴했다. 소시지며 계란 등 맛 나는 반찬이 모두 없어지면 진가를 톡톡히 발휘한다. 항상 이놈의 장아찌라는 놈이 있어 반찬 부족으로 밥을 먹지 못하는 일은 없었으며 아무리 나누어줘도 남기 때문이다.

　나눔이라는 것은 단순히 물건을 나누는 것이 아니다. 시간을 함께하는 것이다. 지주클럽 사람들은 누군가는 양주를 사오고, 소주를 사오고, 치킨을 사온다. 또한 누군가는 자리를 준비하고 누군가는 술자리를 청소한다. 하지만 어느 누구도 더함과 못함을 따지는 이가 없다. 함께 시간을 나누는 것이 즐겁고 행복하기 때문이다. 서로 함께하는 것은 외롭지 않기 위해서다. 아무리 옳은 일이라고 해도 혼자 믿고 실천한다는 것은 쉬운 일이 아니다.

[아파트 경쟁률의 비밀]

지난 수십 년 동안 대한민국에서 아파트 분양을 시작한 이래 우리는 끊임없이 분양률에 대한 기사를 접해왔다. 기사에 의하면 대한민국 아파트들은 하나 같이 높은 분양률을 자랑한다. 하지만 여기에 불편한 진실이 있다. 당국, 건설업자, 분양업자, 부동산업자, 언론, 전문가 모두 알지만 아무도 꺼내지 못하는 이야기가 있다.

그들은 왜 진실을 이야기하지 않는가. 이유는 간단하다. 그들 나름대로 먹고 살아야 하기 때문이다. 자칫 상대방의 밥그릇을 건드렸다간 내 밥그릇마저 위험해지기 때문이다. 이처럼 이 바닥에는 우정 아닌 우정으로 맺어진 존재들이 있다. 이는 장사꾼의 논리요, 그들이 말하는 상도덕의 진실이다.

분양률이라는 것은 '통계'가 그러하듯 합법적인 거짓이다. 청약을 한 후에 설사 분양을 포기해도 청약통장 외에는 그다지 금전적으로 손실을 입지 않는다. 그렇기 때문에 청약자는 일단 분양부터 받고 본다.

이처럼 아파트 분양이 최종적인 계약을 의미하는 것이 아님에도 많은 사람들이 분양권 매매를 통한 차익을 꿈꾸고 그것이 가능하다고 믿는다. 소위 '떴다방'이라는 부동산업자들이 존재하는 이유다.

현재 이 글을 쓰고 있는 시점에는 아파트 시장이 침체일로로 걷고 있기 때문에 이미 지나버린 이야기처럼 들릴지도 모른다. 하지만 놀랍게도 이러한 수법은 여전히 반복되고 있고 현재도 버젓이 마케팅 전략으로 활용되고 있다.

나는 92학번으로 2차 베이비붐 세대이자 가장 높은 대학 입시 경쟁을 치룬 세대이다. 전대협과 한총련 등 학생운동의 막바지 세대이고, 소위 X세대라는 신조어가 유행할 때 대학에 입학한 세대이다. 아직도 대학입시에 관한 기억이 선명하다. 그때만 해도 수능 이전이었기 때문에 선지원 후시험 제도였으며 전기, 후기, 전문대로 세 번의 진학 기회가 있었다. 하지만 전기에 떨어진다면 후기에 더 좋은 대학에 입학할 기회가 불가능했기 때문에 눈치작전이 중요했다. 눈치작전에 있어서는 무엇보다 경쟁률을 염두에 두어야 했다.

경쟁률이 5:1이 넘으면 사실 중압감이 대단했으며, 10:1이나 20:1이 되면 연일 TV에 보도가 나가고 지원한 학생들은 걱정으로 시간을 보내야 했다. 예비 합격자로 올라도(겨우 3~5명 정도) 입학할 가능성이 거의 없었다.

줄어드는 학생 수와 대학의 생존 방법에 대한 문제가 대두되던 시기였다. 특히 지방대의 생존에 대한 문제는 심각했다. 이미 이 시점 이후로 대학에 진학하는 학생 수는 줄어드는데도 정원은 계속해서 늘어나고 있었다. 재미있는 것은 대학 진학률이 80%에 육박하고 있는 지금이 오히려 경쟁률이 더 높다. 이상한 현상이다. 진학률이 늘었는데도 경쟁률은 올라가다니. 답은 간단하다. 여러 차례 지원이 가능하기 때문이다. 다시 말해 원서비만 허락한다면 얼마든지 복수 지원할 수 있다.

아파트도 마찬가지다. 경쟁률이 그렇게 높다면 입주자가 없어 고민하는 일은 없어야 하는 것 아닌가. 아파트 프리미엄은 고사하고 마이너스 프리미엄을 이야기하는 작금의 사태는 뭔가. 이는 주택청약 통장의 매력이 과거와 달라졌다는 증거다. 일부 사람들이 수도권 지방 할 것 없이 몰려다니면서 아파트 청약을 하는 바람에 전체적인 경쟁률만 높아졌을 뿐이다. 아직도 분양권 장사에 미련을 버리지 못한 사람이 이렇듯 많은 것이다.

과거에는 본인이 실제 거주할 지역이 아니면 청약도 불가능했고 청약할 이유가 없었으며 분양가에서도 확연한 혜택이 주어졌다. 내가 세종시에 분양 붐이 일 당시, 주위 사람들에게 청약하지 말라고 말렸던 이유도 거기에 있다. 만약 세종시 아파트들이 동시에 분양을 했다면 과연 그 경쟁률을 채울 수 있었을까.

정리해 보자. 아파트에 입주하고자 하는 세대가 1만 가구 있다고 가정을 하자. 그런데 모처에 1천 세대 분양이 시작되었다. 그러면 1천 세대 분양에 이들 1만 세대가 몰려들 것이고 경쟁률은 10:1이 된다. 숫자만으로 볼 때 굉장한 결과다. 더군다나 아파트의 동호수에 따라서 가치 차이가 다르기 때문에 좀 더 좋은 곳에 입주를 하려고 그 안에서 다시 피나는 경쟁이 벌어진다. 자, 이렇게 1차 분양이 성공리에 끝났다고 하자. 그럼 그 다음에 분양하는 아파트는 경쟁률이 9:1이 될까? 그렇지 않다. 처음보다 더 올라간다.

처음 분양에 실패한 사람들은 소문을 만들 것이고 그들은 자기뿐만 아니라 자기 주위의 지인들을 끌고 가 분양률을 높이게 된다. 이런 와중에 처음 분양 받은 사람은 은근히 프리미엄 욕심을 낼 것이고 연일 떠들어대는 언론사의 분양률 고공행진 소식을 들으면서 행복해 할 것이다.

이런 현상은 10차 분양까지 계속되며 막바지로 갈수록 분양권의 프리미엄을 노리고 청약했던 사람들에 의해 인터넷이나 찜질방, 회사 안에서 소문이 확산된다. 청약에 성공한 사람들은 자신의 분양권에 프리미엄이 형성될 것이라는 강력한 믿음을 갖고 있기에 온통 자기에게 유리한 자료만 찾아다닌다.

자기가 자기 욕심에 갇히는 결과를 초래하는 것이다. 아직도 인터넷에서는 현실을 직시하지 못하고 자기 좋을 대로 귀와 눈을 가리는 사람들이 움직이고 있다. 이들에게 나의 말은 장바닥 생선장수의 싸구려 외침으로 들릴 것이다.

투자하려면 조ㅇ일보를 보라

　　우물 안 개구리가 되어서는 안 된다는 아버님의 가르침 덕에 나는 아주 어린 나이부터 신문을 읽었다. 지금이야 NIE Newspaper In Education 다 논술이다 해서 신문을 읽는 것이 필수처럼 여겨지지만 그때만 해도 나무로 불 때면서 밥해 먹고 학교 다니던 우리 동네에서 신문을 본다는 것은 큰 사치였다. 더군다나 초등학생에게는 가당찮은 일이었다.

　　그러나 당시 나는 하루라도 신문을 읽지 않으면 입에 가시가 돋을 만큼 열렬한 구독자였다. 문제는 이놈의 까막골에는 조간이 저녁에 배달되고 석간은 다음날 배달된다는 것이다. 신문이 아니라 구문이었다. 배달부가 따로 있는 것도 아니어서 우체부 아저씨가 우편물과 함께 가져다주곤 했다. 나는 연애편지를 기다리는 사람처럼 매일 대문간을 서성이며 우체부 아저씨를 기다렸다.

신문은 내게 설렘의 대상이었다. 신문을 보는 버릇은 군대생활에 까지 이어져 논산 훈련소에 갔을 때도 나는 일부러 화장실 청소를 도맡아서 했다. 신문 볼 시간을 벌기 위해서였다. 고된 훈련생활 중에도 냄새나는 화장실에 앉아 신문을 봤으니 내 신문사랑은 유별나다고 할 수 있었다.

대학에 들어가서도 나는 매일 도서관에 들러 온갖 종류의 신문과 월간지를 탐독했다. 그랬기에 나름 정보라는 것에 대하여 훤하다고 믿었으며 세상을 잘 안다고 자부했다. 그러나 훗날 진짜 세상에 나왔을 때 나는 신문에 대한 나의 믿음이 한순간에 날아가 버리는 충격적인 경험을 하게 된다.

1999년, 서울에 올라와 사업을 한답시고 이것저것 시도도 하고 제안서를 만들어 돌리던 때였다. 운 좋게 모 인사와 어울려 벤처기업을 시작했는데 당시 나는 나이도 어리고 경험도 없었지만 나름 세상에 대해 안다고 자부하던 터였다. 돈이 될 만한 프로그램과 아이템을 찾아 적극적으로 개발에 뛰어 들었다. 지금 생각해보면 참 유치한 것도 있었고 나름 신선하고 아까웠던 사업 아이템도 있었다. 많은 히트작을 성공시켰고 나는 성공가도를 달리고 있었다. 언뜻 생각하면 그랬다. 하지만 실질적으로 통장으로 들어온 돈은 한 푼도 없었다. 돈이 들어올 만하면 거대자본이 유사한 아이템을 개발, 탁월한 조직망을 통해 시장을 잠식했기 때문이었다.

그렇게 1년을 보내고 나자 내게 크나큰 위기가 닥쳤다. 경제적 어려움도 어려움이지만 무엇보다 애정전선에 이상이 생긴 것이다. 당시에 나는 지금의 아내와 약혼한 상태였는데 각기 떨어져 지내다 보니 갖가지 오해와 불신이 싹터 도저히 치유하지 못할 정도로 관계가 악화되었다. 오랫동안 교제를 해왔고 서로 잘 알고 있다고 생각했건만 남녀관계는 생각보다 풍파에 강하지 못했다. 게다가 3년이라는 연애기간은 충분히 권태를 불러올만한 시간이었다. 다행히 잘 극복하고 현재 아들 딸 낳고 잘살고 있지만 그때 일만 생각하면 등골이 오싹하다. 그래서 나는 지금도 젊은 친구들을 만나면 돈보다 제1순위로 평생 함께 할 배우자를 찾는 데 시간과 공을 들이라고 말한다. 그래서 나의 책은 '29금'이다.

무엇이 문제였는지 알게 된 것은 신혼여행을 다녀온 직후였다. 7일이라는 기간을 아무 일도 안 하면서 오로지 지난 시간을 되돌아보는 데만 썼다. 결론적으로 그동안 내가 뜬구름 잡는 데 매달려 있었다는 사실을 깨달았다. 사업이 안 되는 것도 아닌데 통장이 마이너스라면 말이 되는가. 뭔가 잘못된 것이다. 이제 가정을 꾸렸으니 생계를 책임져야 했다. 나는 회사에 출근을 하자마자 사표를 제출했고 다음날로 본가에 내려가 생선장수 일을 시작했다. 노동은 정직한 것이고, 일한 만큼 보답이 돌아오는 행위였다. 일하는 동안은 처자식 굶길 일 없는 게 노동의 매력이라면 매력이었다. 그렇게 시작한 생선장수 일은 육체적 활력과 삶에 대한 자극을 주었지만 어떤 창의성도 없이 하루하루 이어지는 단순한 업무가 내게는 감옥처럼 느껴졌다. 유일한 낙이라면 쉬는 날, 침대 위에서 뒹구는 것 정도였다. 그러던 어느 날, 아내가 나에게 닦달을 했다.

"그러고 있느니 책이라도 읽어!"

비록 생선대가리를 자르고는 있지만 나름 인텔리를 자부하는 사람이었기에 자존심 상하는 지청구가 아닐 수 없었다. 그래서 아내의 책꽂이에 있는 책 중 가장 재미없어 보이는 책으로 한 권을 골라잡았다. 별 생각 없이 집은 책이지만 그 책은 내 인생에 일대 전환을 가져다주었다.

『인플레로 돈 버는 사람들』(맥스 샤피로, 1991년, 한울 출판사)이 바로 그것이다. 책을 잡자마자 단숨에 읽어내려 갔다. 이 책을 통해 나는 내가 왜 그동안 당하고 살았는지를 생각하게 됐고 나의 사고방식을 180° 바꾸게 되었다. 아주 간단한 원리였다. 그들이 제공하는 정보는 갑의 입장에서 제공되는 것이었고 이제껏 나는 을이었다는 것이다. 이 책을 통해 나는 신문을 대하는 관점도 완전히 바꾸었다.

왜 그동안 무엇인가 하려고 할 때마다 번번이 거대자본에 당했는지도 알게 되었다. 단적인 예로 '유행'을 생각해보자. 작년에 유행한 패션이 왜 올해는 지속되지 못하는 걸까. 이유는 간단하다. 생산자 입장에서는 소비자들이 작년에 만든 옷을 다시 꺼내 입는 것을 원하지 않기 때문이다. 그렇기 때문에 그들은 새로운 제품을 개발한 뒤 대대적인 광고를 한다. 언론을 이용하는 것은 기본이다. 신문에 이런 기사가 뜨는 것을 보았을 것이다.

'올 여름 대대적으로 유행할 옷!'

대체 미래의 유행을 어떻게 알아맞힐 수 있단 말인가. 신문사는 마치 미래의 유행을 안다는 듯 말하는 것도 모자라 독자에게 이런 정보를 알아야 한다고 강조한다. 이는 본말이 전도된 격이 아닌가. 유행이란 게 무엇인가. 대중의 선택이 시장에서 좋은 반응을 보이는 것 아닌가. 유행은 당연히 사후적인 문제이다. 그러나 현재 우리들의 '유행'은 누가 시켜서 하는 것이 되어버렸다.

투자에 있어서도 마찬가지이다. 투자 정보를 제공하는 사람은 우리가 투자를 통해 돈을 벌기를 바라지 않는다. 투자를 통해 돈을 쓰기를 바란다. 그들이 제공하는 정보는 보이지 않는 조작에 의하여 우리들에게 제공되고 우리들은 그 정보에 따라서 투자를 하고 최종적으로 큰 손해를 보는 격이다.

조ㅇ일보의 재미는 여기에 있다. 그들은 극히 보수적이며 기존 자본 세력의 이익을 대변하는 데 충실하다. 그들이 좋다고 하는 것은 우리가 아닌 다른 누군가의 이익을 대변하는 것이다. 그러므로 우리는 그들이 좋다고 하는 것에 속지 말고 나쁘다고 하는 것만 따라 하면 저절로 성공하게 되어 있다.

이러한 현상은 정부정책과도 상통한다. 이명박 정부가 들어선 후 초기에 녹색성장을 이야기했다. 하지만 녹색성장과 관련하여 투자했던 모든 사업은 실패로 돌아갔고 오로지 한강의 녹색, 녹조만이 성장하고 있다. 마찬가지로 시골 사람들이 농사로 성공하려면 한 가지만 명심하면 된다. '6시 내 고향'에서 고소득 작물이라고 소개하는 작물만 재배하지 않으면 된다. 그들이 말하는 작물은 어김없이 그 다음해 공급과잉 및 가격폭락으로 연결되기 때문이다.

특히 조○일보처럼 보수적인 신문은 아주 그 색깔이 분명하기 때문에 전문가라고 나와서 떠드는 이야기에는 모두 꼼수가 있다고 보면 된다. 『아파트 공화국』이라는 책이 출판된 것이 2007년이다. 바야흐로 아파트 가격이 정점을 향해 치닫는 중이었다. 이 책은 아파트의 문제점을 지적하며 거기에 대한 반사작용으로 다른 주거형태로의 변화를 예견했다. 이를 계기로 아파트에 대한 회의론이 대두되었고 많은 사람들이 도시형 개인주택인 땅콩주택이나 도시의 타운하우스에 관심을 갖게 되었으며 전국 각지에 있는 산속 집단수용소 같은 전원마을이 분양되었다.

하지만 시장은 그렇게 가지 않았다. 아파트의 인기는 더욱 높아졌으며 보급률도 올라갔다. 섣불리 다른 곳에 투자했다가 피를 보는 사람들이 속출했다. 이런 정보를 기사화하고 가공해주는 신문들 때문에 도시의 타운하우스가 부도 나고 땅콩주택은 각종 소송에 휩쓸

리게 된 것이다.

결국 그들이 제공하는 정보는 소비자를 위한 정보가 아니라 마케팅을 위한 자료였던 것이다. 근거도 없는 내용을 갖고 마치 검증이라도 받은 것처럼 각종 자료를 인용하고 권위를 앞세워 소비자를 설득시킨 것이다. 그 대표주자가 바로 '조중동'이라는 분이시다.

아파트 경매에 있어서도 마찬가지이다. 만약에 당신이 특정 아파트의 경매에 참여하려고 한다면 이들 신문에 언급한 기사 내용과 다른 아파트를 골라야 한다. 거듭 이야기하지만. 조중동은 '갑'을 위한 신문이지 우리들 '을'을 위한 신문이 아니라는 것이다. 중요한 사실은 지역 작은 신문인 옥천신문을 계기로 전국에서 '안티조ㅇ운동'이 일어났고 이제 조중동을 욕하는 것이 두려움의 대상이 되지 않게 되었다는 것이다. 그 운동을 처음 시작한 옥천신문 전 사장님있었던 오한홍씨는 지금 옥천에서 가장 유명한 이장님이시다. 옥천신문 이사라는 나의 직함이 자랑스러운 이유도 모두 지역 풀뿌리 언론을 위해 수고하는 분들 때문이다.

그럼에도 조중동은 여전히 무소불위의 권력을 휘두르고 있다. 그들이 아름다운 시골풍경을 보여주면서 전원마을에 투자하라고 한다. 그 반대로 하면 된다. 그래도 아파트에 투자하기가 너무 두렵다면 산속 시골이 아닌, 생활 편의시설이 제대로 들어선 도시형 전원마을을 찾아보면 된다. 의외로 우리나라에는 그런 곳이 많다.

『인플레로 돈 버는 사람들』(맥스 샤피로, 1991년, 한울 출판사)은 미국 금융위기가 찾아오고 20년이 더 지난 2009년 6월에 재판을 인쇄하게 된다. 초판본에서 지적한 금융부분이 정확하게 일치했기 때문이다.

지금 나의 책꽂이에 귀하게 모셔져 있는 책이 1991년 초판본이다. 미안하게도 이 책은 아내가 국군청평병원 장교로 있으면서 그곳 도서관에서 빌린 책이다. 무슨 생각에 빌려 왔는지는 몰라도 읽지도 않으면서 반납하지 않은 책이다. 그래서 책에는 '국군청평병원'이라는 도장이 찍혀있다. 나중에 아내가 연체료까지 생각해서 반납해야 할 문제이다. 난 아내의 책을 본 것뿐이다.

마누라와 정보

　정보는 정보로써의 가치가 있을 때만 유효하다. 모두가 알고 있으면 더 이상 정보라고 할 수 없다. 쓰레기다. 수많은 쓰레기들이 현재 정보라는 이름으로 거래되고 있다. 그렇다면 이런 쓰레기를 양산하는 사람은 누굴까. 무언가 노리는 사람이 아닐까. 가령 적은 돈을 투자해서 큰 재미를 보고자 하는 사람들이 있다면 그들을 대상으로 정보라고 속인 뒤 투자를 유도하는 것이다. 돈에 눈이 먼 사람들은 거짓 정보인 줄도 모르고 그것을 덥석 문다. 그 결과 그들의 재산은 큰 손실을 입게 된다.

　그렇다면 정보와 쓰레기를 구분하는 방법은 없는 걸까. 한 가지 있다. 진정한 정보를 얻기 위해서는 정보 제공자에게 그에 상응하는 급부를 제공하면 된다. 즉 일정한 신뢰 비용을 제공하라는 것이다. 고급정보일수록 그렇다. 정보를 가진 사람이 자신에게 아무 이득도 없는데 상대방에게 그것을 공짜로 제공할 리 없다.

최근 인터넷 문화가 확산되면서 아무 대가 없이 정보를 공유할 수 있다고 말하는 사람들이 늘고 있다. 그러나 이들이 정보라고 하는 것을 살펴보면 나누어도 될 만한 수준의 자료들일 뿐 상대적 가치를 지니고 있는 진짜 정보는 찾아볼 수 없다.

아무리 성문화가 개방되었다고 해도 아내가 다른 남자와 카톡으로 수작 거는 것을 본다면 당신이 진정 느긋할 수 있나. 그것은 동서고금을 막론하고 용서하기 어려운 일이다. 내가 누차 하는 이야기가 '마누라와 땅은 공유하는 것이 아니다.'라는 것이다. 영국에도 이와 비슷한 속담이 있다.

'아버지를 죽인 원수는 용서할 수 있어도 땅을 뺏어간 원수는 용서할 수 없다.'

'여자와 권력은 부자간에도 공유하는 것이 아니다.'

혹 가다 스와핑 문화에 대해 호의적으로 이야기하는 사람들이 있다. 개인이 아내나 남편이 아닌 다른 이성에게 호감을 가질 수도 있고, 바람을 피울 수도 있지만 배우자를 공유하는 것은 다른 문제다. 만약 당신이 다른 이성에게 관심을 보일 때 아내가 관대하다면 진정으로 그 배려에 대해 감사함을 느낄 수 있나. 오히려 배신감을 느끼는 것이 정상이다. 당신이 다른 이성에게 관심을 보이는 것을 안다면 배우자는 마땅히 화를 내어야 한다.

'상대적 가치가 존재하는 정보'라면 누구와도 나눌 수 없어야 정상이다. 이미 정보라는 것은 나누는 순간 정보로써의 가치가 없어지며 그냥 자료로 전락한다. 특히 인터넷이 강력한 정보의 전달 수단으로 등극한 이후 그 확장 속도가 빛에 가깝다고 할 때 다른 누군가 알고 있다면 그 정보는 이미 그 기능을 상실했다는 것이다.

　한번은 내가 온라인 게시판에서 세무 전문가라는 사람과 논쟁이 붙은 적이 있었다. 나름 그를 따르는 팬들은 나를 몰지각하며 다른 사람의 흠이나 잡는 논객으로 몰기 시작했다. 그때 내가 한 말은 이런 요지였다.

　"당신이 세무 전문가일지 모르지만 어디 한번 생각해보기 바랍니다. 세법이라는 것이 매번 바뀌는 것이고 상담하는 사람마다 개별성이 있는데 당신이 하는 답변이 오히려 누군가에게 잘못된 정보가 될 수 있다는 사실을 모르십니까?"

　그의 답변을 일단 접어두더라도 나중에 내가 그 카페에서 들러 확인한 사실은 처음에는 순수한 마음으로 열심히 무료 상담에 임하던 그가 슬슬 본색을 드러내면서 마케팅을 하고 있다는 것이다. 나름 성공을 위한 자기만의 방법인지는 모르지만 적어도 공짜 정보를 줄 것처럼 떠들지는 말았어야 한다는 것이다.

　내가 신호등에서 차를 대기하고 있는데 누군가 차창을 열더니 길을 물었다.

"○○백화점 어떻게 갑니까?"

"우회전해서 쭉 가세요."

"아 예, 감사합니다."

목례까지 하고 핸들을 틀었다. 그러자 아내가 화들짝 놀라며 내 팔을 흔들었다.

"아니, 여보! 거기는 반대로 가는 길이잖아."

아 그런가! 하지만 어떻게 하라고? 이미 차는 떠난 것을. 마음속으로 그분이 길을 제대로 찾기를 바랄 수 있을 뿐 현실적으로 내가 그 사람을 도울 일은 없었다.

'차라리 모른다고 할 걸.'

괜히 내 마음까지 불편해지고 말았다. 그들이 행하는 컨설팅의 실체가 이런 것이다. 당신이 지금 얻은 정보가 무료라고 생각해 보자. 그것에 대한 어떠한 책임도 제공자에게 물을 수 없다.

이런 일도 있었다. 지주클럽에서 소개하는 전원마을에 대하여 어떻게 하면 회원들에게 잘 전달할 수 있을까 고민하다가 '프레젠테이션'을 이용하여 동영상으로 소개하기로 마음먹고 적당한 프로그램을 찾았다.

인터넷을 뒤져보니 마땅한 프로그램이 있기에 별 생각 없이 다운로드를 했다. 그렇게 구한 프로그램을 바탕으로 밤새워 작업을 마쳤다. 그러고 나서 마지막 단계로 플레이 버튼을 클릭하는 순간이었다. 딱 한번 실행이 되더니 라이센스를 구매하라는 메시지가 나오는 것이 아닌가. 이렇게 허무할 수가 있나. 하지만 정보란 바로 이런 것이다. 쓸모 있는 정보 제공에 대하여 무료란 있을 수 없다.

술집 예쁜 언니들이 콧소리를 섞어 '오빠, 멋있다!'라는 말을 연발하면서 내 앞에서 몸을 비비 튼다고 생각해 보자. 어느 바보가 그 말을 진심으로 받아들이겠는가. 하지만 한 동네서 낳고 자란 이웃집 순이가 어느 날 내 앞을 지나치면서 부끄러운 얼굴로 '좋아해!' 한다고 생각해 보자. 가슴이 뛰지 않고 배기겠는가.

국내 포털인 '네이년'이나 '다간년'이 한동안 정보검색의 창구 역할을 충실히 해왔다. 하지만 어느 순간부터 정치적 의도가 개입되면서 검색기능을 잃기 시작했다. 최신 정보를 찾아주는 것이 아니라 정보를 가장한 쓰레기만 제공하고 있다. 국내 포털들이 점점 경영난에 빠지고 있는 것에 비해 구글이 잘나가고 있는 것은 당연한 결과인지도 모른다.

내가 그 세무 전문가라는 사람을 비판한 것은 간단한 이유다. 사람들이 세무사를 찾는 이유는 세법을 몰라서라기보다 불안한 마음을 위로받기 위한 것이다. 그런데 인터넷을 보면 아주 상투적인 질문에, 상투적인 답변투성이다. 질문을 하는 사람도 웃기고, 답변을 하는 사람도 웃긴다. 조금만 자료를 찾아보면 될 것을 혹 무슨 말이라도 들을 수 있지 않나 해서 세무사를 찾는 사람들. 그런 사람을 상대로 어떻게 하면 상업적으로 꼬셔볼까 검은 마음을 가진 답변자들. 대형 마트 시식코너를 돌면서 공짜로 배를 채우려고 하는 사람들과 알량한 음식을 미끼로 소비자를 유혹하는 업체들 간의 합작품과 다를 것이 무엇이겠는가. 우리가 알아야 할 것은 한 시간 동안 시식 코너를 배회하면서 양을 채우는 것보다 당당히 한 시간을 일하고 최저 급여를 받는 것이 더 많은 양을 채울 수 있다는 것이다.

이것이 공짜 정보의 한계인 것이다. 인터넷에 분명 바른 소리를 하는 사람이 있다. 하지만 어느 누구도 당신이 바른 결론을 내는데 도움을 주려고 하는 사람은 없다. 판단할 수 없는 정보는 정보가 아닌 것이고 그냥 자료일 뿐이다. 정보란 그 자료를 판단할 수 있는 능력을 가지고서 다룰 때 정보의 가치가 있는 것이다.

제목에 마누라와 정보의 상관관계를 언급했으니 좀 더 이야기를 해보자. 많이 배운 지식인층이나 일반 서민이나 술자리에서 스와핑 이야기를 꺼내곤 한다.

"뭐, 한 번 해볼 만하지 않겠어?"

물론 진심이 아니라 안주거리 삼아 하는 이야기겠지만 이는 스와핑의 본질에 대해 깊이 생각해 보지 않은 탓이다. 내가 남의 여자랑 자는 상상만 했지, 내 여자가 다른 놈의 배 아래에 깔린다는 생각은 못 하는 것이다. 만약 생각을 했는데도 스와핑이 하고 싶다면 그는 더 이상 자기 아내를 사랑하지 않는 사람이다.

　도덕문제를 떠나서 만약에 당신의 아내가 아주 예쁘고 사랑스럽다면 과연 남과 그렇게 쉽게 나눌 생각이 들까? 정보를 나누자고 떠드는 사람들의 공통점은 본인은 제공할 정보가 없다는 것이다. 이는 부부교환 데이트에 관심을 갖는 사람들 대부분이 더 이상 자기 아내에게 매력을 느끼지 못하는 것과 같다. 나는 싫은데 남들은 좋아할지도 모른다고? 땅 사고 집 사는 게 벼룩시장에서 곰 인형 사는 일도 아니고 이건 내 전 재산이 걸린 문제다. 당신이라면 나의 사랑스러운 아내를 남에게 주면서 나는 내 아내보다 못한 여자랑 잘 이유가 있겠는가? 전원마을이 그렇게 돈이 된다면 왜 비디오까지 만들어 백만 명에게 그 정보를 배포하나? 돈이 되는 줄 알면 아무리 비밀로 하려고 해도 다 찾아오게 되어 있다. 진정한 돈줄은 신뢰관계가 형성된 사람들끼리 쉬쉬하며 나누는 법이다.

　인터넷에는 어디선가 긁어온 정보 가지고 서로 정보를 나누자며 커뮤니케이션을 강조하는 카페들이 난립하고 있다. 심지어는 앞뒤 없이 신문기사를 모아 놓고 정보라고 떠들고 있다. 이들이 말하는 것은 그냥 싸구려 광고지 수준일 뿐이다.

〔고등어 설왕설래〕

　명색이 생선장수이니 생선 이야기를 해보자. 한때 국산 고등어와 노르웨이 고등어를 구별하는 방법이 인터넷 상에서 화제가 되었던 적이 있다. 소비자들은 이런 정보에 의지해 국산고등어에 비해 무늬가 굵고 뚜렷한 노르웨이산 고등어를 기피하는 현상을 보였다. 하지만 고등어 정보는 소비자만 보는 것이 아니다. 장사꾼들도 다 본다. 오히려 민감하게 촉각을 곤두세우고 더 열심히 본다. 생계가 걸린 문제이기 때문이다. 이에 일부 업자들이 노르웨이산의 수입을 중단하고 멕시코산 저가 고등어를 수입해 팔기 시작했다. 무늬가 국산과 유사했던 것이다. 소비자는 시장에 나온 노르웨이산에 대해서는 육안으로 구분이 가능했지만 멕시코산에 대해서는 정보가 없었기에 그것이 국산인 줄 알고 의심 없이 구입했다.

　그렇게 멕시코산이 날개 돋친 듯 팔리는가 싶었지만 지방이 적은 멕시코산 고등어가 맛이 있을 리 없었다. 어느 시점이 되어 인터넷 상에 멕시코산의 정체가 폭로되었고 소비자는 멕시코산을 사지 않게 되었다. 그렇게 되자 시장에서는 멕시코산이 자취를 감추는 대신 국산과 무늬가 유사한 일본산 고등어와 대만산 고등어가 팔리기 시작했다. 이에 인터넷에서는 다시금 일본산과 대만산 고등어의 특징이 소개되었고 소비자는 극도의 혼란 상태에 빠지게 되었다. 누구도 고등어의 무늬만 보고 산지를 파악할 수 없게 된 것이다.

일이 여기서 그쳤으면 좋으련만 시장에서는 생물 고등어라는 이름의 싸구려 여름 고등어가 날개 돋친 듯 팔리기 시작했다. 소비자는 식육처럼 생선도 냉동이 무조건 저급이고 생물이 고급인 줄 알았던 것이다. 생물 고등어는 한눈에도 먹음직스러웠기에 아무 의심 없이 소비자는 이를 사다가 요리하게 된다. 그러나 집에 가져와 비닐봉지를 여는 순간 소비자는 기겁한다. 뱃속 곳곳에서 기어 나오는 '고래회충' 혹은 '아니사키스Anisakis'라는 이름의 징그러운 벌레 때문이다. 수온이 올라가는 여름 고등어에서 기생충이 나오는 것은 당연한 것이다.

일이 이렇게 되자 이번에 누군가가 인터넷 블로그에 노르웨이산 고등어에 대한 재발견을 체험수기로 올린다. 무늬는 좀 그래도 노르웨이산 고등어가 육질이 좋고, 맛이 뛰어나며 어쩌고저쩌고, 참 길게도 써 놨다. 그러자 소비자는 처음에 외면했던 노르웨이산 고등어로 다시 왁 몰려들게 되었다. 덕분에 나도 노르웨이산 고등어 좀 팔았다. 간혹 반신반의하는 소비자가 있으면 이렇게 설득한다.

"화장품이 중국산이면 수입품이라고 하고, 프랑스산이면 외제라고 하죠? 수입과 외제, 뭐가 다른지 알아요?"

"뭐가 다른데요?"

"수입은 우리나라보다 가난한 나라에서 들여오는 것이고, 외제는 우리보다 잘사는 나라에서 들여오는 것입니다. 노르웨이는 우리보다 선진국이란 말입니다. 그러니 이 고등어는 수입 고등어가 아니라 외제 고등어입니다."

항간에 노르웨이산 고등어가 맛이 있다고 소문이 난 데다가 홈쇼핑에서도 연일 매진을 기록하던 때였다. 하지만 고등어의 험난한 여정은 여기서 그치지 않는다. 소비자 반응이 좋다보니 노르웨이산 고등어의 가격이 올라가는 것은 당연지사. 이때 어떤 업자가 노르웨이산보다 상대적으로 가격이 싼 프랑스산 고등어를 수입하여 팔면서 노르웨이산이라고 속이기 시작했던 것이다.

나름 업계에서 지존의 자리를 지키고 있던 우리 집에서는 그런 일이 없었지만 다른 집에서는 뻔히 마주보고 장사를 하는데도 소비자를 속이고 프랑스산을 팔았다. 우리 집보다 500원이나 싸게 말이다.

"어머! 이것 내가 알아. 저번에 홈쇼핑에서 구입해서 먹었는데 맛있더라. 국산보다 좋아. 이거 노르웨이산이야."

"정말이야? 그런데 좀 크고 징그럽다."

"아니라니까. 이게 기생충도 없고 얼마나 맛있다고."

"아저씨, 내 말이 맞지요?"

그 새댁, 프랑스산을 노르웨이산인 줄 속고 사면서 참 뿌듯했는가 보다. 내가 한마디 하고 싶은 것을 참은 이유는, 비슷하게 생긴 프랑스산과 노르웨이산 고등어를 두고 기네 아니네 떠들어봤자 소비자의 입장에서 챙길 이익은 별로 없기 때문이다.

고등어라는 생선이 자고로 서민들에게 인기가 많다는 것은 부정할 수 없을 것이다. 그랬던 고등어의 산지가격이 오르면서 소비자들은 보다 싸게 고등어를 살 방법이 없는지 고민하게 되었고 이 틈을 타서 장사꾼들이 싸구려 고등어를 고급으로 속여 팔았으며 이를 구별하기 위해 소비자들 나름대로 구별법을 찾느라 기를 썼던 것이다. 또한 그런 소비자를 이기기 위해 장사꾼들 역시 꼼수를 쓰지 않으면 안 되었던 것이다.

이처럼 똑같은 정보를 갖고, 속이려는 자와 속지 않으려는 자가 엎치락뒤치락 하다 보니 이와 같이 웃지 못 할 일이 벌어진 것이다. 내가 말하고 싶은 것은 아무리 소비자가 정보에 눈이 밝다고 해도 자본주의 경쟁구도에서 살아 남기위해 기를 쓰는 장사꾼을 이기지 못한다는 것이다. 게다가 그렇게 약게 나오는 사람에게 누가 자비를 베풀겠는가. 약은 척, 이것저것 고르기보다 그냥 순진하게 장사꾼에게 골라달라고 하는 게 낫다. 선택의 책임을 넘겨받은 입장에서 오히려 도의적으로 좋은 것을 골라주는 경우가 더 많다. 사기꾼만이 사기꾼에게 당한다는 것을 명심하자.

드디어 안동고등어 이야기를 할 때가 왔다. 참 고등어 설왕설래가 길기도 하다. 그렇게 신뢰가 깨진 상태에서 TV매체의 힘을 얻어 안동자반고등어가 브랜드화에 성공한다. 국산이 좋네, 외제고등어가 좋네, 프랑스산이 좋네, 노르웨이산이 좋네 따지는 동안 안동자반고등어가 고급화에 성공한 것이다. 다들 안동자반고등어가 뭐 대단한 것처럼 이야기하지만 생선장수 입장에서 한 마디 하자면 그것도 마케팅의 성공에 불과하다.

그렇게 노르웨이 산부터 안동자반고등어에 이르기까지 고등어에 대하여 온갖 이야기가 이어졌건만 지금도 인터넷에 들어가면 심심치 않게 고등어에 대하여 아는 체 하는 사람을 만날 수 있다.

"물 좋은 고등어란 자고로 무지갯빛이 감도는 것이다. 또한 동공이 맑고 투명해야 하며 윤기가 흐르고 표면이 반질반질한 것이 좋고 맛있는 것이다."

생선장사를 10년 한 입장에서 봤을 때 좀 황당한 이야기로 들린다. 위의 정보를 바탕으로 고등어의 질을 구분할 재간이 있는 사람은 장사꾼 중에도 없다. 나름 싱싱한 고등어를 고를 수는 있다고 하겠지만 신선도와 맛있는 것과는 다른 문제이다. 제아무리 싱싱하고 국내에서 잡아 올린 것이라고 해도 여름 고등어는 지방이 적고 쉽게 부패하기 때문에 맛이 없다.

또한 시중에는 너무나도 국산과 유사한 수입 고등어들이 넘쳐나고 있으며 그 정보를 정확하게 알고 물건을 파는 장사꾼 역시 거의 없다. 일단은 내가 팔기 좋은 물건이 좋은 물건이고, 이익이 많이 남으면 좋은 것이다.

내가 이명박 정부가 취임했을 때 블로그에 걱정을 토로했던 적이 있다. 그런 나에게 왜 시작도 하지 않은 정부를 욕하느냐고 했던 사람들이 있다. 나는 그저 그가 장사꾼이라는 것을 염려했던 것이다.

장사꾼의 논리는 사회정의와 무관하다. 장사꾼은 철저한 자본주의 원칙에 입각하여 움직인다. 이익의 논리가 곧 선의 논리인 것이다. 그가 작은 장사꾼이었을 때는 '먹고 살기 위해서'라는 핑계가 가능할지 모르겠지만 적어도 한 나라의 수장인 대통령은 장사꾼으로 머물러서는 안 된다는 이야기였다. 장사꾼에게 정의란 개인의 이익에 국한된다. 공익을 위해 일하더라도 개인의 이익에 배치되면 움직이지 않는다. 이익을 남기는 사람이 옳은 사람이고, 당하는 사람들이 어리석은 사람이라고 생각하기 때문이다.

정보 이야기를 하면서 괜히 말이 샜다. 그래도 배운 것이 도둑질이라고 나름 10년간 생선장사를 했기 때문에 무엇보다 생선에 대해서는 잘 알고 있다. 정보는 항상 변화한다. 지금 내가 알고 있는 정보가 최신의 정보라고 믿는 순간 누군가 그 정보를 이용하여 또 다른 마케팅을 하고 있다는 사실을 알아야 한다.

요즘은 보험 설계사가 컨설팅을 해준다, 자동차 외판원이 컨설팅을 해준다, 길거리에서 화장품 영업사원들이 컨설팅을 해준다고 나서니 마치 컨설팅이 상술의 일종처럼 들린다. 심지어 학교행사에 참여하고 교문을 나서면 기다렸다는 듯 학습지 장사들이 아이들 교육상담을 해준다고 뛰어온다. 몇 해 전에는 업자들이 가스레인지 점검을 빙자하고 다닌 적이 있어서 사회 문제가 된 적이 있었다. 정확히 말하면 그들이 하는 일은 컨설팅이 아니라 마케팅이다. 컨설팅은 그 자체가 상품이다. 조언을 해주는 것만으로 대단한 상품가치를 갖는 것이다. 컨설팅은 다른 무언가를 팔기 위해 아무나 갖다 쓰는 미끼가 아니다.

닉네임만 생선장수가 아니라 내가 정말 생선장수였다는 사실에 놀라는 사람들이 있다. 왜 생선장수가 생선장수라고 말하는 것이 놀랄 일인가. 그것은 세상이 옳다고 말하는 놈들 중에 정말 옳은 소리를 하는 놈들이 없기 때문이 아닐까.

나의 첫 번째 책에 대해서 생선냄새가 난다고 비하하는 글도 있었고 왜 경매 책에서 생선 이야기냐고 지적하는 사람도 있었다. 그리고 정치적 발언에 대해서 상당히 불편해 하는 사람도 있었다. 하지만 꼭 말하고 싶다. 생선장수가 경매를 했고 땅을 구입했다. 그렇다면 생선장수에 맞는 투박한 글이 오히려 제격일 것이다.

부동산 이야기를 하는 사람 중에 정책에 대한 비판은 있어도 정권에 대한 비판은 없다. 하지만 정책도 정권에서 나오는 것이다. 정책을 보기 전에 정권을 봐야 그 정책의 성공 여부를 알 수 있다.

4대강사업과 관련하여 보에 있는 매점에 투자한 사람이 먹고 살기가 어려워졌고, 오세훈 시장의 말을 듣고 가든파이브에 투자한 자들이 망해 나가고 있다. 그들은 정책만 보고 정권을 보지 않았기 때문이다.

참 가슴 아픈 일이지만 어쩔 도리가 없어 보인다. 펜션 이야기이다. 누군가 망하면 누군가 흥하는 것이고, 무엇인가 죽으면 그 죽음을 거름으로 열매를 맺는 나무가 있는 것이 세상 이치이니 이를 두고 안타까워 할 수만은 없다고 스스로 위로해야 하는 걸까?

내가 블로그에 경매 이야기나 부동산 이야기를 올리면 일부 방문자들이 이에 대해 알레르기 반응을 보인다. 마치 부동산을 멀리 하거나 관심을 갖지 않는 것이 미덕인양 생각하는 것이다. 그것이 능사는 아닌 것 같다. 오히려 부동산 시장이 올바른 기능을 하려면 보다 많은 사람들이 참여하여야 한다. 올바른 방법을 통해 부동산을 구입하는 사람들이 늘면 일부의 사람에게만 떨어지던 부의 편중을 막을 수 있다.

작년에 이어 하늘 높은 줄 모르고 치솟는 유가와 경제난 및 실질

소득감소, 각종 악재들로 인해 부동산 시장이 바닥이다. 그중 펜션업계가 가장 고통을 받고 있다. 안타까운 것은 이러한 상황이 더 오랫동안 지속될 것으로 보인다는 것이다. 전술한바와 같이 금융권에서는 이미 2011년부터 경쟁상황 악화를 들어 펜션업계 대출을 전면 제한하고 있다. 문제는 펜션에 대한 대출제한이 이루어진 후에도 많은 사람들은 펜션업에 진출하고 있다는 것이다. 참으로 기이한 현상이 아닐 수 없다.

많은 은퇴자들의 고민이 퇴직금 등 은퇴자금을 어떻게 굴릴 것인가 하는 문제일 것이다. 대부분 사업을 할 것인지, 안전하게 묻어 둘 것인지 둘 중 하나를 선택하게 된다. 가볍게 생각하고 치킨집이나 패스트푸드 체인점을 냈다가 손해만 보고 실의에 빠진 주변 친구들을 보면 자영업에 대한 회의가 들고, 주식투자는 너무나 위험한 것 같다. 상대적으로 금리가 높은 상품을 골라 은행에 넣어두는 방법도 있지만 물가 상승분 좇아가기도 힘든 데다가 왠지 뒷방 늙은이로 전락한 기분이다.

이럴 경우 펜션은 투자를 고민하는 많은 사람들에게 매력 덩어리로 다가온다. 우선, 평생을 꿈꾸던 전원생활이 현실화되는 것이다. 게다가 집과 땅을 사니 부동산 투자는 물론이요, 젊고 상큼한 여행객들과 모닥불 가에 모여 앉아 세상 이야기를 나눌 수도 있다. 수익은 기본이다. 게다가 매체에서는 경쟁적으로 레저스포츠 활동의 중

가를 외쳐대니 미래의 사업적 전망도 밝아 보인다. 거기에다 인터넷의 발달로 산속에 처박혀도 정보에서 고립될 염려도 없다. 사정이 이렇다면 첩첩산중이라고 해도 펜션을 열어 볼 생각이 들지 않겠는가? 하지만 바로 그런 것이 미끼다. 그런 달콤한 속삭임 때문에 아주 많은 사람들이 펜션업에 진출했고 현재 그 절정에 이르렀다고 보면 맞다. 전 국토에 조금이라도 그림이 나오는 곳이라면 펜션이 들어서지 않은 곳이 없다.

내 직업이 전국을 샅샅이 뒤지고 다니는 것이다. 연일 터져 나오는 매체의 보도가 아니더라도 눈앞에서 매일 확인하는 일이다. 최근에는 과당 경쟁으로 인하여 이용료가 떨어지는 현상까지도 나타난다. 그러다 보니 아예 영업을 포기하는 펜션들도 줄줄이 속출하고 있다. 효율성 면에서 러브 모텔보다 떨어지기 때문이다.

현재 펜션업에 관심을 갖고 있다면 적어도 2~3년간은 관망하는 것이 좋을 듯하다. 특히 경매 시장을 염두에 두고 있다면 더욱 조심하여야 한다. 펜션이 경매물건으로 쏟아져 나오고는 있지만 아직 일부 업자들이나 일반인들이 감정가에 집착하는 경향이 보인다. 섣불리 낙찰받아 이러지도 저러지도 못하는 신세가 될 수 있다.

개인적으로 볼 때 적어도 감정가 50% 이하로 떨어져야 한다는 판단이다. 그리고 일단 수익은 기대하지 않아야 한다. 대출을 통해 구입하는 경우 실질수익이 마이너스이기 때문에 심각한 문제로 연결

될 수 있다.

물론 펜션이 여름철 휴가지 숙소로는 여전히 유효하다. 바닷가나 계곡 옆에 있는 펜션들이 그나마 활기를 띤다면 여름 휴가철일 것이다. 그러나 반대로 생각해보자. 봄, 가을, 겨울은 한가하다는 이야기가 된다. 스키장 부근이라면 겨울철에도 투숙객이 있겠지만 그나마 주말장사에 국한된다. 경쟁이 심해지다 보니 인테리어와 서비스에 신경 쓰지 않을 수 없고 그 와중에 수익성은 점차 낮아지고 있다.

이런 현실 하에서 펜션을 하려면 수익성보다는 전원생활 자체에 의미를 두는 것이 정신건강에 좋을 것이다.

국내 여행을 하다 보면 대부분의 펜션이 왜 문을 닫았는지 쉽게 확인할 수 있다. 서울 춘천간 민자 고속도로가 개통되면서 부근의 펜션은 대실 수준으로 전락하고 있다.

강원도 골짜기의 펜션을 찾아 숙박하기보다 스키를 타다가 저녁이면 홍대 앞으로 나가기 쉬운 평창이 젊은이의 구미에 맞는다. 오전에 계곡 가서 놀다가도 저녁이면 집으로 오는 것이다. 그 옛날 경운기에 솥단지 싣고 동네 개울에 가서 하던 천렵처럼 말이다.

음~ 이제 저도 어느덧 옛날이라는 말을 써야 하는 나이가 되었군요. 정신 없이 자식을 키우다 보니 -_-:;

[부자 흉내]

조중동 바로 아래의 반열에 올라있는 매ㅇ경제를 보다가 웃기는 기사를 읽었다. 조중동이나 매ㅇ경제신문은 지루하고 권태로울 때 주로 본다. 역시 기대를 저버리지 않는다. 일단, 피식 웃음이 나온다. 비키니 여인을 보기 위해 '캐리비안ㅇㅇ'에 간다고? 그래서 부산서 새벽부터 올라온다고? 그 중 압권은 팬티 벗겨지는 광경을 엿볼 수 있는 장소를 귀띔해주는 부분이었다. '서핑라이드'라는 곳이라니 여러분 꼭 가보시라. 정말 웃긴다. 웃음 끝에 욕이 치밀어 올라서 문제지만.

캐리비안ㅇㅇ에 가서 느낀 것은, 무진장 뜨거운 땡볕 아래 장시간 줄을 서고 기다려야 입장이 가능하다는 것과 들어가 보니 무진장 재미없었다는 단 두 가지뿐이었다. 아쉽게도 벗겨진 팬티는 못 봤다. ㅎㅎ……. 아! 그리고 하나 더, 무진장 비싸다는 것도 있다.

삼○의 공장이 우리 산과 강을 썩은 물로 만들고 이 땅의 부모들을 공장으로 몰고 있을 때 아이들은 주말이 되면 캐리비안○○ 가자고 조른다. 내가 어릴 적에는 여름내 찐 옥수수만 있으면 하루 종일 물가에서 살았다. 정말 최고였다.

이것을 이○회가 뺏은 것이다. 월급 더 준다고 꼬셔놓고 결국 캐리비언○○ 만들어 다시 털어간다. 불쌍한 삼○ 노예들……. 그런데 거기에 들어가지 못해 안달인 사람들이 수두룩하다.

부자가 된다는 것은 무엇을 의미할까? 삶의 여유를 얻는 것이라고 할 수 있을 것이다. 그렇다면 삶의 여유는 무엇일까? 결국 나를 위해 시간을 얼마만큼 투자하느냐.

나 또한 일에 미쳐 살고 있지만 삶을 보람차게 보내고 있다고 생각한다. 한 사람 한 사람 내 편이 되는 것처럼 설레고 흥분되는 일이 없다. 살면서 진정한 친구 한 명만 있어도 성공한 인생이라고 하는데 나는 몇 십 명에 달하는 진정한 친구가 있다.

내게 척 하니 등본과 인감을 맡기고 함께 밤새워 술을 마신다면 그게 진정한 친구가 아니고 무엇이겠는가. 수익이 있으나 너무 덩치가 커서 엄두가 안날 때 나는 그들과 돈을 모아 부동산을 구입한다. 그들은 나의 안목을 믿고 나는 그들의 신뢰를 고맙게 생각한다.

우리가 함께 산 땅이 점점 늘고 있다. 그들도 나를 놓칠 생각이 없고 나 또한 그들과 떨어질 생각이 없다. 이처럼 좋은 직장이 어디 있겠는가.

　잠시 이야기가 옆으로 샜다. 다시 캐리비언○○로 돌아가 보자. 거기야 말로 비수기에 가면 썰렁하기 그지없다. 수많은 인파에 가려 보이지 않던 것들, 그럴 듯하던 풍경에 가려 눈에 띄지 않던 것까지 적나라하게 드러난다. 이곳저곳 부서진 곳이 드러나는가 하면, 구석구석 오물 찌꺼기 쌓인 것까지 훤히 보인다. 매○경제에서 가르쳐 준 비키니 언니들 없는 것 당연하고, 또 있으면 뭐할 것인가. 내 애인도 아닌데.

　결국은 인간들 바글거리는 시간에 가야 뭔가 제대로 돌아가는 느낌이 들고 놀 맛도 난다. 자, 보자. 서울에서 출발해도 기본 두 시간에, 막히면 다섯 시간을 차 안에 있어야 한다. 게다가 주차할 공간도 넉넉하지도 않다. 줄서서 들어가 보자. 입장 후에도 어딜 가나 온통 줄서야 한다. 먹을 것은 가지고 들어가지도 못한다. 일일이 사먹어야 하니 돈이 줄줄 새는 느낌이다. 물은 썩지 말라고 그러는지 워낙 세균수라 그런지 아주 소독약 냄새가 진동한다.

　한 가지는 아주 잘되어 있다. 벗고 다니면서도 지갑 없이 결제할 수 있게 만들었다. 돈 쓰기 좋게 만들어 놓은 것이다. 4인 가족이 가서 100만 원 쓰고 왔다면 거짓말일거라고? ㅎㅎ.

　하루 개폼 잡기 위해, 하루 부자 흉내를 내기 위해 100만 원이라는 돈을 써야만 하나? 내 여자도 아닌 애들 비키니 입은 모습 보면 뭐하나? 그런 식의 행복은 내가 선택한 행복이 아니라 자본주의가 우리에게 강요한 행복이다.

한 가지, 부자 흉내 내면서 행복할 수 있는 방법이 있기는 있다. 지주클럽에서 운영하는 회원 전용 캠핑버스를 이용하는 것이다. 대전 인근의 장용산 휴양림 계곡에 여름동안 주차해 둔다. 삼림욕과 물놀이를 동시에 즐기고 싶은 회원은 얼마든 이용하시라. 캐리비언 ○○가느라 고생하는 시간에 잠깐 더 달려서 내려오면 훨씬 고급스러운 휴가를 보낼 수 있다.

말이 나온 김에 장용산 휴양림에 대해 자랑하자면 물이 깨끗하고 계곡이 깊지 않아 아이들 놀기에 적당하다. 삼겹살과 쇠주만 가지고 오면 휴가 준비가 따로 필요 없다. 추가 비용도 없다.

글을 쓰다 보니까 캠핑버스 선전처럼 되어버렸다. 낮에 본 기사에 대한 흥분(?) 탓이리라. 분이 아직 풀리지 않았다. '경남이나 부산에서 밤을 새워 달려오는 열혈 마니아도 있다.'는 기자님의 친절한 설명이 나를 도발시켰던 것 같다.

지주클럽에서는 회원들에게 장용산 캠핑카 외에도 내장산에 있는 지주패밀리텔과 고성해수욕장 민박집을 제공하고 있다. 조금 불편하고 부족하지만 최소한의 비용만 받고 제공한다.

지주클럽은 도시락을 먹으며 각자의 반찬을 나눔으로써 더 맛있는 식사시간을 만들고자 한다. 우리는 지금보다 질 좋은 삶을 꿈꾸고 있다. 식탁은 무한정 넓지 않다. 모두를 받아들이기 어려운 이유로 지주클럽은 회원 가입 조건이 있는 것이다.

[풍수와 푼수]

　　좀 생뚱맞지만 하루 시간을 내서 이명박 생가에 다녀왔다. 방명록에는 이렇게 기록했다. 진심이었다.

　　'제발 국가와 조국을 위하여 임기동안 아무 일도 하지 마십시오.'

　　하지만 우리의 각하께서는 임기 마지막까지 최선을 다한다는 말로 국민의 간담을 서늘하게 만들고 있다. 이제 곧 대선이다. 이맘때만 되면 매체마다 무슨 이사장, 교수라는 타이틀을 앞세운 전문가들이 나타나 풍수 이야기를 한다. 이분들 말하는 것을 보면 참 똑똑해 보인다. 하지만 그 내용을 가만히 듣고 있다 보면 사이비목사가 성경 들고 떠들다가 끝에 가서 자기 기도발이 최고이니 돈 가져다 바치라고 떠드는 모습과 별반 다를 바 없어 보인다.

　　일단 풍수를 말하는 분들의 공통점이 있다. 남들 선영이나 생가터에 대해서는 말이 많지만 정작 자기의 조상 묘나 집터에 대해서는 입을 다문다. 그리고 마지막 엔딩은 꼭 '명당은 하늘이 점지해 준다.'는 것으로 맺는다. 무슨 얘긴지 당체 헷갈린다. 어차피 하늘이 점지해 주는 것이라면 풍수 하는 사람은 왜 필요한 건지.

나의 짧은 식견으로 이러쿵저러쿵 이야기한다는 것 자체가 우스운 짓일지도 모르지만 이명박 대통령에 대한 풍수 이야기는 짚고 넘어가지 않을 수 없다. 누구는 조부모의 묘가 좋아 대통령이 됐네, 누구는 덕실마을의 터가 좋아 성공했네 하고 떠든다. 심지어는 생가가 일본 오사카에 있어서 좋은 기운을 받았다는 사람도 있다. 익은 밥 먹고 선소리도 유분수지.(이하 심한 욕 생략)

그중 이명박 대통령이, 어릴 때 자랐던 '덕실마을'의 지세를 탔다는 분의 이야기를 들여다보자. 정말 그럴까? 그럼 자서전에서 덕실마을에 살다가 한국전쟁당시 어머니와 누이를 잃고 이사를 나왔다는 이야기는 무엇인가. 결국 덕실마을은, 살다가 폭탄 맞을 명당자리라는 이야기 아닌가? 또한 덕실마을을 나온 후에 잘 된 것이라고 한다면 아마도 오랫동안 그 집안이 덕실마을에서 살아온 것 때문에 그토록 고생했다는 해석이 더 유력하지 않을까?

이명박 대통령의 생가 터를 그가 태어난 오사카로 보는 사람들이 있다. 대통령 재임 중 그가 일본과 상당히 우호적 감정을 나누었음(일왕사과발언으로 실축을 하기는 했지만)이 주지의 사실이고, 더구나 동생에 버금가는 막강한 힘을 가진 형님께서 '나의 동생은 뺏

속까지 친일'이라는 고백인지 맹세인지 모를 이상한 이야기를 했다고도 한다. 그래서 일본의 정기를 받아 대통령 된 사람이라서 이 나라를 이 지경으로 이끌고 있는 것인가?

이명박 대통령 생가의 풍경은 한 마디로 답답함 그 자체였다. 찾아오지도 않는 대통령 덕에 할머니들은 동네 어귀에 쪼그리고 앉아서 기념품을 파는 신세가 되었다. 대통령이 무슨 독재자도 아니고 생가가 역사적인 유물이나 되는 것처럼 가꾸는 모습이라니.

그날만 유독 그랬는지 날씨는 또 왜 그렇게 을씨년스럽던지. 화장도 먹지 않는 얼굴에 더덕더덕 분칠도 유분수라는 생각이 들었다. 이명박 대통령의 생가 및 조상 묘를 가지고 풍수를 논하시는 분들에게 묻고자 한다. 아직도 풍수가 좋아서 그가 대통령 자리에 앉았다고 생각하시는가? 그저 한 나라의 대통령이 되는 것만이 출세고 성공인가? 그렇다면 이승만, 박정희, 전두환, 노태우 모두 성공한 사람들인가? 누군가 대통령이 된다는 사실이 대다수의 누군가에게 재앙이 될 수도 있다는 관점에서 보면 조상 묏자리가 나빠서 그 많은 사람들이 엉뚱한 고생길을 걷고 있다는 해석도 가능하지 않을까?

풍수 전문가들이 이야기하듯 풍수를 무슨 대단한 효험이 있는 초월적인 대상으로 해석해서는 곤란하다. 풍수에서 말하는 기운이라는 것이 온갖 귀신들이 뛰어다니고 요상한 기운이 뻗어 나오는, 만화에서처럼 느닷없이 히어로가 나타나 악당과 대면하는 그런 것이 결코 아니다.

기운이란 단순하게 좋은 것을 접하면 좋은 느낌이 생기고, 나쁜 것을 접하면 나쁜 느낌이 생긴다는 이야기로 보면 될 것 같다. 한반도를 기준으로 남쪽에 따뜻한 기운이 있고 북쪽에 추운 기운이 있는 것은 당연한 것이고, 해가 뜨는 동쪽에 밝음이 있고 해가 지는 서쪽이 어둠이 있는 것도 당연한 것이다. 풍수는 아주 잘 짜인 과학적 보고서로서 오랫동안 우리 생활 속에 차곡차곡 쌓인 데이터를 수집 분석한 결과일 뿐이다.

한 나라가 발흥하면 임금은 신하를 불러 궁궐터를 알아보라고 지시한다. 정치적 이유에서였건 위민에 대한 고민에서 출발했건 간에 조선의 태조인 이성계도 무학대사나 정도전에게 한양 천도에 관해 알아보라고 했을 것이다. 그렇다고 이들이 바람을 일으키고 구름을 만드는 술사였을까? 그들은 몇 해를 두고 몇날 며칠씩 걸어 다니며 경험과 지식에 의존해 가장 좋은 땅을 찾아 다녔을 것이다.

흔히 명당자리를 말하면서 배산임수를 빠지지 않고 이야기한다. 하지만 이것도 가만히 보면 단순한 논리를 가지고 있다. '임수'라 하면 기후가 따뜻한 남쪽에 물이 흘러야 좋은 논밭이 생긴다는 이야기이고, '배산'이라 하면 상대적으로 뒷산이 있어야 땔감을 채취하기에 용이하기에 나온 말이다.

배산임수가 그렇게 절대적 기준이라면 남반구인 호주에서는 이를 어떻게 받아들여야 하는가. 그곳은 남쪽이 아닌 북쪽에서 해가 비친다. 멀리 갈 것도 없이 같은 동양권에서 살펴보자. 툭하면 화산이 터지는 일본에서도 과연 배산임수를 금과옥조로 생각할까. 바보가 아닌 다음에야 좋은 기운 받자고 목숨을 담보로 등 뒤에 화산을 두고 싶어 하지는 않을 것이다.

"저은하~ 기막힌 땅을 찾았사옵니다. 한 천 년은 족히 이어갈 수 있을 것으로 보이나이다." 이성계 앞에 부복한 정도전이 A4 용지 수십 장 분량의 보고서를 올린다고 상상해 보자. 충신인 척 옥좌를 압박하는 가신들의 포위 속에서 바쁜 국정 젖혀두고 '저은하' 께서 이 문서를 다 읽을까? 보았던 모든 것을 세세히 기록해서 보고한다고 해서 무관 출신인 이성계가 꼬장꼬장한 학자인 정도전의 주장에 귀를 기울였을 리 만무하다.

정도전은 임금을 알현하는 순간 뭔가 짧으면서도 강한 내용의 메시지를 전해야 한다. 그리고도 사실에 근거를 해야 한다. 사랑하는 연인에게 사랑을 고백할 때 구구절절 수십 페이지의 연애편지를 쓰는 것보다 한 편의 짧은 사랑 시가 더 효과적이라는 것은 누구나 알고 있다. 결론적으로 풍수라는 것은 짧은 시간에 상대방을 설득시키기 위한 함축적인 전달 방법이다.

학이 알을 품고 있다는 것은 학이 품고 있으니 얼마나 평온한지를 말하는 것일 것이고 범이 길을 막고 있다고 하는 것은 산세가 험해서 외침으로 보호됨을 말하는 것이다. 여기에 그치지 않고 풍수에 주술적 의미를 부여해서 마음 약한 사람들을 현혹하고 불안하게 만든다면 이들이야말로 바로 '푼수'가 되는 것이다.

푼수들이 목청 높여 신비한 명당을 볼 줄 알고 찾을 수 있는 것처럼 떠드는 모습은 이제 보고 싶지 않다. 엄밀히 이야기해서 사실, 한반도 남쪽에 풍수를 적용할 만한 땅이 아직 남아 있기는 한 걸까?

학창시절 쫓아다녔던 여학생들이 생각난다. 아내를 만나기 전에 여학생 손목도 잡아 본적 없다. 다만 줄기차게 연애편지를 썼고 골목에서 기다리기를 반복했다. 내가 영화 〈완득이〉에 나오는 선생님이라면 다음과 같이 썼을 것이다.

"호정 씨…… 요즘은 내가 보는 모든 게 호정 씨랑 닮았습니다. 구름도 닮았고 꽃도 닮았고 달도 닮았습니다. 오늘 구름은 쭉 찌어진 게 호정 씨의 웃는 모습을 닮았습니다. 나도 입이 쭉 찢어지게 웃었습니다. 동주가."

때로는 설득을 위하여 나 또한 풍수 언저리를 들먹이기도 한다. 하지만 풍수를 말하기 전에 경매 감정평가서를 한 번 더 읽어 보기를 권한다. 감정평가서는 모든 부동산 거래의 기본이다. 고맙게도 전국의 경매 감정평가서는 온라인으로 제공되고 있다.

언젠가 풍수 전문가라는 사람이 어느 빌딩을 가지고 좌청룡 우백
호 운운하는 기사를 보았다. 본인은 시대상황에 맞게 신개념을 도입
했다고 주장할지 모르지만 참 웃어넘기기도 민망하다. 빌딩이라는
것은 산과 다르다. 과거에는 산에서 땔감이나 사냥감을 획득했다.
또한 산은 외침으로부터 우리를 보호하는 역할을 했다. 그렇다면 현
대사회에서도 그런 자리가 좋은 것일까?

현대인에게 좋은 풍수는 한 가지다. 자기의 필요조건을 만족시키
면 좋은 자리다. 구두닦이 입장에서는 빌딩과 빌딩 사이, 구둣가게
를 열 수 있는 공간이 있고 오가는 사람이 많으면 제일 좋은 자리다.
분식집 아주머니라면 산중턱에 들어선 고급 주택가보다 학교 앞이
좋은 풍수다. 다시 말하지만 여기서 한 발 더 나아가면 그야말로 '나
는 푼수'라고 자처하는 것이다.

강변마을에 대한 개념 역시 많이 바뀌었다. 과거에는 집 앞에 강이 있으면 가정용수를 얻거나 농사에 필요한 물을 얻는 데 유리했다. 세계의 4대 문화발상지가 전부 강변인 것은 우연이 아니다. 하지만 현대사회에서 강은 우리에게 '생활'보다는 '전망'의 개념으로 읽힌다. 전망 외엔 강에서 그다지 얻을 것이 없다.

일단 주변에 강이 있으면 대기가 습하고 안개가 자주 끼어 호흡기 질환에 걸릴 위험이 높다. 여름에는 해충이 많아서 문을 열고 생활하지 못할 정도가 되며 강변도로는 상습 교통체증 구역이다. 강을 따라 러브모텔이 늘어서 있으니 아이들이 미리 생산적인 것(?)을 배워서 좋다는 의미가 아니라면 강변이 왜 좋다는 것인가?

지세가 어떠니, 배산임수, 좌청룡우백호가 어떠니 하며 요즈음 명당자리를 말하는 사람들은 자신의 주소를 서울이 아닌 '한양'인 줄로 착각하는 것은 아닌지.

몇 해 전, 충남 공주에서 중의 말을 믿고 조상님의 묘를 모두 이장했던 문중에 날벼락 같은 소식이 전해졌다는 기사가 있었다. 내용인즉 묘를 설치할 수 없는 곳에 묘를 이장했기 때문에 원상회복은 물론 그에 덧붙여 벌금까지 내라는 통지서가 날아온 것이다. 이런 일을 당하지 않으려면 풍수를 보기 전에 먼저 '토지이용계획확인원'을 봐야 한다는 것이다.

내가 최근 유튜브에서 전원마을이라는 동영상을 몇 개 찾아 봤는데 어김없이 등장하는 게 바로 '풍수론'이었다. 이들이 풍수를 동원해 떠들고 있는 자리들 대부분이 개발제한구역이다. '개발이 제한되어 있지만 풍수지리가 좋으니 여기서 사시오.'라고 이야기하면 그나마 선량한 사람들이다.

개발제한구역이라는 이야기는 쏙 빼고 낡은 풍수나 들이대는데 이는 '미필적고의'에 의한 사기행각에 가깝다. 개발제한구역을 명당이라는 타이틀로 화장시켜 고가에 팔기 위한 그들의 노력이 눈물겹기는 하지만 있어서는 안 될 일이다.

조금 더 풍수의 허에 대해 이야기를 하자면, 명당자리 찾는 재주로 치면 과거 조상님들이 지금 사람들보다 몇 배의 고수였을 것이다. 그 조상님들이 알아서들 훌륭할 묏자리를 썼을 텐데 지금 그 후손들은 어디서 뭐하고 있는가. 지금 가장 많이 나오는 경매 물건 중의 한 부류가 명당이라는 묏자리들이다.

물건 리스트를 보여줘도 나름 풍수를 본다는 분들은 각각의 이유를 들어 경매에 나올 수밖에 없는 이유를 설명할지 모른다. 그런 재주가 있으면 본인이나 부모님 묏자리나 제대로 찾으라고 말하고 싶다. 왜 자기 앞은 못보고 다른 사람들의 풍수에 대해서 시비를 가리려고 하는지 모르겠다. 이런 사람들이야 말로 호사가에 지나지 않을 것이다.

동양학자이며 풍수에 관심이 있는 J선생에 의하면 '백커피가 불여일숙'이라 했다. 남녀가 백 번 만나 커피를 마셔봐야 한 번 자 보는 것만 못하다는 말이다. 명당은 거기서 한 번 자 보면 안다. 숙면 후 깨어나서 개운하면 그곳이 나에게 명당이다.

직접적인 경험 앞에서 어떤 풍수이론이 유효할 것인가. 물론 거기에 여러 가지 조건이 붙는다. 혼자 들어가서 도를 닦을 생각이라면 모르겠지만 일단 구매가 가능하고, 집을 지을 수 있어야 하고, 인터넷이 되어야 하고, 편의시설과 학교가 가까워야 하고, 병원이 근처에 있어야 한다.

모든 현상은 해석하기 나름이다. 지금은 예전처럼 물이 풍부하고 바람이 잘 통하는 자연친화적인 위치보다는 교육여건이나 경제적 가치와 같은 자본주의적 개념이 훨씬 강조되는 상황이다. 정 좋은 기를 받고 싶으면 자주 가보고 직접 느끼면 된다. 내 마음에 평온함과 기쁨이 찾아오면 좋은 자리다. 나의 필요와 감각에 의해서 집터를 찾기보다 근거도 없는 남의 말에 이끌릴 때 속임수에 빠진다.

내가 급하게 원고를 쓰면서 '최고의 전원마을 자리를 찾았다.'고 이야기한 바 있다. 그렇게 자신 있게 말했던 이유는 한 가지다. 무엇보다 7년째 그곳을 그동안 수 없이 내려갔어도 매번 마음이 평온하고 행복해지는 경험을 하기 때문이다. 삶을 영위하는 데 있어 편의성이라든가 교통여건은 기본이니 말할 것도 없다.

우리 집안의 선영은 동네에서 가장 높은 곳에 있다. 할아버지께서 사업에 실패하면서 좋은 임야는 다른 사람들에게 모두 넘어갔기 때문이다.

하지만 어린 시절 큰아버님을 따라 그곳을 오를 때마다 힘은 들었지만 정상에 서면 넓게 보이는 들녘과 유유히 흐르는 강줄기의 모습이 참 보기 좋았다. 따뜻한 햇살과 적당히 부는 바람이 성묘가 끝나도 쉬었다 가게 만들었다. 그 짧은 시간이 참 행복했다. 어느 날 선영 밑으로 임도가 개설되면서 자동차로 올라올 수 있는 곳이 되었다. 가히 천하의 명당이라고 할 만한 위치가 된 것이다. 풍수 좋아하시는 분들이 이론 갖다 붙이지 않아도 누가 봐도 명당이다.

반면에 풍수쟁이들이 입을 모아 좋은 터라고 했던 곳은 자식들이 이미 묘를 이장하고 땅을 팔기 위해서 형제간의 다툼을 벌이는 모습을 보이고 있다. 같은 자손임에도 불구하고 사촌 간에도 묘를 못 쓰게 하는 등 갖가지 불화를 지켜볼 볼 때 안타까움을 금하기 어렵다. 그래서 저절로 천하명당이 된 이곳 선영에 납골당을 설치하고 친척 누구나 와서 납골할 수 있게 만들어 놓았다는 것은 우리 집안의 자랑 중 하나이다.

음지가 양지되고, 양지가 음지되는 것이 사람 삶이다. 좋은 전답을 물려받은 장남은 사업한다고 서울 올라갔다가 말년에 망해서 시골로 돌아오고, 차남이라는 이유로 시골 자갈밭을 물려받은 자식은 배운 것 없어 농사를 짓다가 말년에 아파트가 들어와 돈 방석에 앉았다는 이야기를 자주 들었을 것이다.

어떻게 감히 인간이 사람 삶의 길흉을 점칠 것이며 그것을 볼 수 있는 재주가 있다고 말할 수 있단 말인가. 풍수를 보는 것은 좋다. 시적으로 땅의 가치를 노래하는 것은 마치 사랑하는 연인에게 시를 읊어주는 것처럼 아름답고 가치 있는 일일 것이다. 문제는 이것을 마치 대단한 마력을 가진 것처럼 떠들면서 돈벌이로 쓰고자 하는 사이비 같은 푼수들이다.

부동산이나 전원마을 시장에도 이런 사람들이 등장해 멀쩡한 시장을 교란하고 있다. 이로 인해 정부 정책이 실효를 잃는 것은 물론 소박한 꿈을 펼치려는 서민들이 눈물을 흘리게 된다. 다음 정권에서는 이런 일이 일어나지 않기를 간절히 바라는 마음이다. 대선 때마다 후보 나으리들 조상 묏자리 찾아가 떠들면서 대권의 향배를 점친다는 늙은 푼수들의 모습이 참 측은해 보이는 시점이다.

요즘 대전과 영동을 출퇴근하느라 한 시간 남짓 차에서 '도올 김용옥 인도를 만나다'라는 강의를 듣고 있다. 하루하루 듣는 재미가 쏠쏠하다. 도올은 종교의 신비화를 경고하고 있다. 이제까지의 모든 사이비 이론의 공통점은 영묘함이나 초월적 신비함을 바탕으로 하고 있다는 것이다. 풍수이론가들은 동양철학을 빙자하여 초월적인 신통력을 주장하고 있다.

　잘못된 풍수이론가들의 주장에 현혹되는 현상이 그치지 않는 한 사이비들과 이를 등에 업은 일부 업자들이 시장을 교란하고 선량한 소비자를 울리는 일은 계속될 것이다.

[타이타닉호의 침몰]

최근 집값이 서울을 중심으로 급격히 떨어지고 있다. 그 기세가 지방으로 확대되면서 작년에 그나마 올랐다는 지방 도시들도 슬슬 거래가 끊어지는 추세다. 정부로서도 난감한 일일 것이다. 모든 경제 상황들이 사슬처럼 얽혀 이쪽을 누르면 저쪽이 튀어 오르고, 저쪽을 풀면 또 다른 쪽이 엉키는 형편이고 보니 대학원 나오고 유학을 다녀오신 관료들도 쩔쩔매고 있다.

가장 먼저 고려해야 할 사항은 방향성이다. 차분한 경제를 만들어 나갈 것인지 활력 있는 경제를 만들어 나갈지는 정권을 가진 사람들의 선택에 달려 있다. 이 선택에 따라 편해지는 경제 층이 달라진다. 부자들을 밀어줄지 서민들을 도와줄지는 각자의 입장마다 다를 것이다. 이명박 정권은 전자를 택한 것뿐이다.

그런 그들이 안타깝게 생각하는 것이라면 모든 사람에게 투표권이 공평하게 한 표씩만 돌아간다는 사실일 것이다. 아마 그분 마음 같아서는 머릿수가 아니라 재산의 유무에 따라 투표권을 분배하고 싶을 것이다. 부자는 열 표 이상의 권리, 가난한 자는 한 표만! 서구 민주주의 초창기 시절, 유럽에서 부르주아 중산층에게만 투표권을 주었던 것처럼. 하긴 모든 평가기준이 숫자로 환원되는 현 사회에서 부자들이 국가경제지수를 마구 올려주니 어찌 그들이 사랑스럽지 않을 것인가. 그러나 그분도 분명 알고 있다.

일단 부자들을 도와주기는 했는데 선거를 생각하면 불안한 마음 뿐이다. 서민들이 등을 돌리면 정권을 잇기가 힘들다. 그래서 할 수 없이, 울며 겨자 먹기로 마음에도 없는 소리를 한다. 숫자가 많은 서민들을 향해 아첨하지 않을 수 없는 것이다.

"서민, 그거 나도 해봐서 아는데 아주 힘들죠. 저는 당신들을 사랑합니다.♡"

그 다음으로 필요한 게 도덕성이다. 이명박이 대통령으로 선출된 건 국민들이 결정한 것이니 그렇다 치고 그 이후의 도덕성은 대통령 자신이 심판 받아야 할 문제다. 대통령은 자신의 선택에 책임을 져야 한다. 이는 한 나라가 유지되기 위해 필요한 요소이자 민주주의를 실현할 수 있는 기본 요건이다. 권력자가 공정성과 도덕성을 잃는다면 수출 몇 위, GDP GNP 얼마 이런 것 말짱 황이 되어버리고 만다. 국민이 불행해진다. 희망이 없는 것이다. 임기 끝나는 날만 헤

아리게 되는 것이다.

요즈음 각하의 형님을 위시하여 청와대 핵심 참모들까지 줄줄이 검찰행이다. 대통령의 불행은 국민들에게 제곱불행이다. 권력 비리를 어떻게 처리해야 할지, 대통령의 권한이 지금 같아도 될지, 어떤 정권을 선택하여야 할지 진지하게 곱씹어 볼 때다.

집값 이야기를 하려다 삼천포에 잠간 들렀다. 집값이 떨어지는 기미가 확연해지니까 여기저기서 목청을 높인다.

"내가 진즉 예견한 일인데 무얼 그리 놀라나? 날세, 내가 바로 그 예언자라고!"

나로 말하면 크루즈는커녕 한강유람선도 타 본적 없지만 1912년 4월 15일의 타이타닉호를 한 번 생각해보자. 배가 빙하에 부딪쳐 침몰 위기에 놓였다. 선장들과 선원들은 배가 안전하다고 외치고 여기에 배를 만든 사람이나 아니면 나름 뭐 좀 안다고 하는 사람들이 한 마디씩 보탠다.

"이 배는 최첨단, 최고급품입니다. 배에 구멍이 나더라도 당장 가라앉지 않게 세밀한 격벽이 설치되어 있고 감지장치와 방재장치는 물론 피난용 구명보트까지 갖추었습니다. 설혹 문제가 생겨도 주변을 지나는 다른 선박들에 의해 구조되고도 남습니다."

배에 물은 들어오고 있는데 어쩌고저쩌고 안전하다고 설명한다.

그런데 갑자기 저쪽에서 잠자코 있던 승객 한 명이 갑자기 배가 침몰할 것이라고 고래고래 소리 지르고 있다. 승객들은 물이 들어올수록 동요한다. 그제야 자칭 예언자가 나서 목소리 데시벨을 높인다.

"으아악~ 내가 말하지 않았냐. 이 배는 가라앉을 것이고 우리 중 대다수는 죽을 거라고."

생선장수가 묻는다.

"그래서요?"

지금 보수의 실정이 반복되는데도 많은 사람들이 선거 때마다 그들을 선택하고 있다. 승객들은 우왕좌왕 하는 자체가 싫은 것이다. 보수도 그 점을 잘 알고 활용한다. 자신들의 판단이 틀릴 경우 예언자를 내세워 말바꿈을 하면 그만이다. 이런 상황에서 승객이 할 수 있는 일은 아무 것도 없다. 침몰을 믿고 싶지도 않고 설령 예언자의 말을 믿는다 해도 침몰을 막거나 배에서 빠져나갈 수 있는 길이 없기 때문이다. 자포자기다.

다시 집값 이야기로 돌아가자. 본인들이 그렇게 집값의 폭락을 떠들고 있는 동안 과연 외치는 일 외에 무엇을 했는지 묻고 싶다. 그렇게 떠들고 나니 스스로 상당히 똑똑하다고 생각되는가?

나는 7년 전 서울 집값이 오르기 전에 서울 소재 물건의 경매를 했다. 그리고 그 이후 단 한 번도 서울이나 수도권에 집을 경매하지 않았다. 그러다가 다시 최근 들어 서울과 수도권에 4채의 집을 아주 저렴하게 낙찰 받았다. 지방 도시보다 싼 가격이었다.

배가 침몰하지 않는다고, 이 배는 안전하며 충분한 구명보트가 있다고 떠들던 지배계급은 군중이 그 말을 믿는 사이 조용히 구명보트에 올라탄다. 그리고 앞뒤 없이 침몰을 주장하며 떠드는 사람들은 그저 대안도 없고, 생각도 없고, 할 수 있는 일도 없다. 이미 바다에 빠진 사람과 같은 형편이다.

진짜 무림의 고수들은 애초부터 자본의 편에 서 있는 선장의 말을 믿지 않으며 공포감을 조장하는 사람들의 말에 흥분하지도 않는다. 배가 빙하에 부딪치는 순간 조용히 친구와 가족들의 손을 잡고 구명정에 올라탄다. 이것이 침몰하는 배에 갇혀서 장렬히 외치는 예언자와 다른 점이다. 전문가라고 불리기 원한다면 말이 아니라 행동을 보여줘야 한다.

어차피 타이타닉호의 모든 승객들을 데리고 탈출할 수는 없다. 데리고 탈출할 수 있는 사람이 일부라면 당연히 내가 아는 사람, 내 가족이 우선일 것이다. 그저 외쳐대기만 하는 사람들을 보면 안타까운 마음마저 든다. 이것이 요즘 경매 이야기하는 사람들에게 내가 염장 지르고 싶어지는 이유이다.

만사형통 DTI

'나꼼수 신드롬'에 샘이 나는지 현 정부도 뻔한 꼼수를 부리고 있다. 주택 시장 폭락에 대한 해결책으로 DTI규제를 풀겠다는 정부 정책에 대한 이야기이다. 이것이 무엇을 의미하는지 여러 가지로 생각해야 하겠지만 일단 규제를 풀면 누구에게 이익이 돌아가는지부터 살펴보자. 현재 대부분의 서민은 DTI규제를 풀어도 별반 다른 혜택을 받을 수 없다. 그럼 누가 가장 큰 수혜자일까? 간단히 말해서 은행과 친밀한 위치에 있는 사람들이다.

현재 강남의 아파트값도 떨어지고 있지만 그보다는 서민들의 아파트가 더 문제다. 가히 내리막길의 롤러코스터를 탔다고 할 정도로 떨어지고 있으며 더군다나 서민들은 체질상 위기에 강하지 못한 경제구조를 가지고 있기 때문에 이런 혼란기에는 더더욱 그 어려움이 가중되기 마련이다.

쪽팔리는 김영삼 정권 IMF 구제금융 시절에 금모으기 운동을 했고 금값은 떨어졌다. 떨어지는 와중에도 서민들은 팔았다. 그것이 애국하는 것인 줄 알고 나라가 망할지도 모른다니까 정부와 조중동이 시키는 대로 했다. 하지만 부유층들은 값 떨어진 금을 추가 매입함으로써 곧 바로 따라온 금값 상승의 단물을 쪽쪽 빨아들일 수 있었다.

정부에서 지금 대출규제를 푼다고 한다. 하지만 그것은 서민을 위한 정책이 아니다. 부유층들에게 저가로 부동산 매수의 기회를 주는 것이다. 그들이 가지고 있는 부동산 가치도 떨어지고 있지만 상관없다. 곧 찾아 올 차익실현의 기회가 기다리고 있으니. 하락장에서도 추가 매수할 수 있는 믿음을 정부가 제공하고 있는 것이다. 부자들은 희망을 갖고 버틸 힘이 있지만 가난한 서민들은 답이 없다. 무조건 아끼고 열심히 땀 흘릴 밖에.

지금 앉아서 폭락론을 외치고 있는 사람들 대부분이 IMF 때 금을 내다 팔아야 한다고 말했던 인간들일 것이다. 냄비처럼 들끓기만 하지 현실적 대안이 없는 그들의 논리에 속아 넘어가면 안 된다.

"지금 부동산이 폭락하고 있습니다. 팔아야 합니까, 사야 합니까?"

요즘 가장 많이 듣는 질문이다. 가격이 떨어진다는 것은 투자자에게 가장 좋은 기회이다. 두려워서 망설이다가 오를 때 추격매수하고 다시 떨어지면 겁나서 끙끙대다 팔아치우는 우를 범해서 손실을 내면 누군가 그것을 맛있게 드시는 것이다.

나로선 지금 힘들어도 버티라는 말을 해주고 싶다. 노력하는 사람에게 이것이 하나의 기회가 될 것이다. 그렇지 않은 사람들에게는 그저 '비 오는 날 날궂이 하는 년의 헛소리'나 마찬가지겠지만.

연일 경기 부양책이 쏟아지고 있다. 이제는 아주 노골적으로 인플레이션이 조장되어야 한다고 주장하고 있다. 나는 줄곧 인플레이션의 최종 종착지는 땅값이라는 이야기를 해왔다. 하지만 여기서 유념해야 할 것이 있다. 땅값과 아파트값은 다르다.

지금 수도권 아파트에 투자하기 전에 그 아파트가 가지고 있는 땅값에 대하여 냉철하게 생각해야 한다. 아파트가 가끔 부동산으로 오해 받는 것은 땅을 깔고 앉아 있기 때문이다. 나 또한 조심스럽게 수도권 아파트에 접근하고 있다. 수도권에는 건축물 없는 순수한 맨땅이 없기 때문이다.

〔 어느 수도권 아파트의 운명 〕

1가구 평균부채 524,449,405원

부채 없는 가구 12세대

부채 양호 가구 11세대

부채 위험 가구 17세대

어느 수도권 아파트 1개동 40여 호의 근저당 상태를 살펴보았다. 근저당 금액이 총 부채금액을 말하는 것이 아니기 때문에 근저당 금액 나누기 1.2의 계수를 적용했다. 2005년 분양당시를 기준하여 6년 동안 6건의 거래가 있었다.

이미 50%에 육박하는 가구 수가 부채 상환능력이 없다고 보인다. 이 지역의 평균 전세가는 2억5천에서 3억이다. 가구 당 최소 2억5천에 대한 부채를 감당해야 한다. 월 이자로 따지면 100만 원 대의 큰 돈을 감당해야 하는 것이다.

그래도 분양한 지 얼마 안 된 신규 아파트에, 평수가 큰 것이 다행이다. 더 다행한 것은 저축은행의 대출이 보이지 않는다는 것이다. 아직은 정상적으로 이자납부를 하고 있다는 증거다. 나름 소득이 괜찮은 사람들이 입주해 있다고 보면 될 것이다.

부채도를 보면 근저당이 과도하게 설정이 되어 있는 경우가 있다. 이는 개인의 직업이 의사나 변호사 같은 전문직이라고 보면 될 것이다. 은행과 같은 제1금융권이 보통의 직장인에게 무리한 대출을 해주지는 않는다.

우리가 여기서 주목해야 할 것은 SC은행이다. 계속해서 대출을 확대해주고 있다. 나름 시세 반영에 적극적이었다고 봐야 하나? 그러나 좀 더 살펴보면 SC은행이 제일 먼저 부채 회수에 노력을 기울일 것이라는 이야기다. 문제는 경매가격이 떨어질 경우 본인들의 장부가격에 부실 채권으로 남는 사태가 발생하기 때문에 은행에서 채권을 상계하여 인수할 것이라는 것이다. 소위 깡통주택이 되는 것이다.

하지만 이것은 최악의 시나리오고 평균 부채 가격인 5억2천4백만 원 밑으로 떨어질 가능성이 없어 보인다. 여러 가지 사항을 감안할 때, 6억 대가 일반 매수가 가능한 가격이라 할 것이다. 시장에 나온 매물로 봐서 5억8천에서 6억5천만 원 선에서 급매가 이루어지는 것으로 보인다.

그러나 가장 중요한 것은 2009년 이후로 분양 및 거래가 실종되었다는 사실이다. 2011년 거래가 한 건 이루어지기는 했지만 이 물건의 등기부를 보면 중간에 압류가 되고 채권을 그냥 인수하는 것으로 해서 소유권이 넘어간다. 개인적인 생각으로는 세입자가 전세금을 받지 못해 부채를 떠안고 인수했을 가능성이 높다고 할 것이다. 그리고 2009년도 이전의 거래도 보면 사실 비정상적인 거래가 많다. 3년 간 제대로 된 거래가 이루어지지 않고 있는데 정부에서는 왜 그 기간 동안, 오른 가격으로 재산세를 부과했으며, 부동산들은 그래도 거래가 되고 있다고 외치는 걸까. 눈물겨운 장면이 아닐 수 없다. 어떻게 되었든 분양 후 집값이 올랐다는 소리는 요란했지만 아무도 돈을 번 사람이 없었다고 보면 된다. 그놈의 돈은 누가 벌었을까. 일부 부동산업자들, 이들의 광고를 집행해주는 언론사들이 아닐까.

다들 부동산 폭락을 이야기하고 있다. 하지만 분명한 사실은 현재 거래 되고 있는 가격이 부동산 거래에 대한 바닥이라는 사실이다. 그런데 왜 일부에서는 목청 높여 폭락론을 떠들고 있는 것일까? 위기론을 통해 사람들을 공포로 몰고 인플레이션을 유발할 명분을 제공하려는 게 아닐까? 상황이 이러하니 부동산 폭락론자들을 비난하지 않을 수 없는 것이다.

"이 사람들아, 그럼 2008년, 아니 그 이전에는 왜 입 다물고 있었는가?"

나는 그 동안 블로그를 통해 아파트 가격에 대하여 객관적인 접근을 해왔다. 그리고 지방 토지에 대하여서도 수없이 많은 이야기를 했다. 지주클럽 회원들은 누누이 경험하고 확인했을 것이다. 진실을 말하는 것이 얼마나 큰 용기를 필요로 하며 어려운 일인지. 그리고 그 진실은 시간이 지나야 알 수 있다는 것을……

나는 현재 한 사람 한 사람 매달리며 구체적인 대안을 제시하고 있다. 현재 부채만 떠안으면 아파트를 인수할 수 있다. 그리고 버티면 쓰나미처럼 물가상승의 날이 올 것이다. 현재 위의 지역 60평의 아파트의 평당 분양가가 1천만 원이다. 지방 중소도시의 분양가가 간신히 500만 원을 넘기고 있다. 보통 아파트 신축 원가가 350만 원 선이다.

좀 더 분석하자면 이 아파트의 토지 지분율은 31평의 대지 가격에 대한 감정가가 2억 6천만 원이다. 여기에 60평 아파트 건축비가 평당 350만 원이라고 할 때 2억 1천만 원이다. 대략적으로 4억2천600만 원이 이 아파트의 원가라고 말할 수 있다. 이 아파트가 2005년 분양과 동시에 7년간 년 3%(평균물가상승률)로 상승했다고 보면 5억 2,300만 원인 것이다. 다시 말해 평균적인 상승률을 볼 때 거품의 시점까지 상승하려면 20년이 걸리면 3%의 상승률로 7억 6,900만 원이 된다.

시골에 내가 살던 아파트의 분양가가 5,500만 원이었다. 1992년에 분양 받아서 2009년에 6,500만 원 받고 팔았다. 그 후 2010년이 되어 갑자기 가격이 상승하기 시작하더니 지금은 1억에서 9천만원에 거래가 되고 있다. 그런데 재미있는 사실은 5,500만 원을 20년간 3%의 이자로 계산하면 20년이 지난 2012년에 9,900만 원이 된다는 사실이다. 놀랍지 않은가. 정확히 물가상승률을 따라잡은 것이다. 더 재미있는 것은 내가 집을 살 당시 3만 원대에 머물던 금값이 지금은 20만 원을 호가한다는 것이다. 어떤 것에 투자한 사람이 더 돈을 벌었는지 이야기 안 해도 알 것이다.

"지난 6년 간, 40채의 아파트 중 6채의 집이 거래되었다. 그것도 거래라고 은행은 부채를 늘려 주었다."

모두가 알고 있는 뻔한 사실을 증명하기 위해 등기부를 떼어서 분석한 결과다. 참 어이없는 투자다. 더 무서운 것은 지금 아파트 폭락을 떠드는 사람들이다. 그들 때문에 이제 누구나 폭락을 믿게 되었다. 바로 이런 것, 우리들이 폭락을 믿고 있을 때 한쪽에서는 위기론을 더욱 부채질하고, 그 사이 정부는 인플레이션을 유발할 준비를 하고 있다는 것이다. 이 사실을 잊어서는 안 된다. 대안 없는 위험론은 진짜 위험을 조장할 뿐이다.

부동산 정보업체의 자료에는 함정이 있다. 그들은 그래프를 이용하고 자료를 말한다. 하지만 똑같은 자료라 하여도 해석은 분명 달라야 한다. 수도권 아파트 가격에 대한 허점 중의 하나가 KB시세라는 것과 호가라는 것이다.

호가는 업자들이 가격을 띄우기 위해서 하는 말이고 진짜 주의해야 할 것은 KB시세다. 이것은 국토해양부의 실거래가를 기준으로 하고 있기 때문에 아주 객관적 자료처럼 보인다. 하지만 이것이 함정이다. KB시세는 숨은 거래에 대한 진실을 보여주고 있지 않다.

다시 말해 양도세가 면제된 시점에서 거래를 가장한 증여가 부동산에서는 대부분을 차지하고 있다. 거래를 가장해서 시어머니가 며느리에게 증여하면서 세금을 피하기 위해 계약서를 작성한다는 것이다. 또한 임차 보증금이나 채권으로 인한 아파트 인수의 경우 거래 가격이 올라간다는 것을 빠트리고 있다. 대표적인 것이 금융권 대출을 발생시키기 위하여 거래에 있어 상당한 부분에 up계약서가 작성되고 있다.

이것이 현장에 대한 중요성이다. 그들은 경매에 관련한 통계에 있어서도 수치만을 말한다. 그렇기 때문에 우리는 숨어 있는 현장 분위기를 읽을 수 있는 눈이 있어야 한다.

일본의 부동산, 한국의 부동산

부동산 붕괴와 관련하여 많은 전문가들이 인용하는 것이 20년 동안 지속되고 있는 일본의 부동산 붕괴와 경기 침체다. 하고 싶은 말이 많지만 먼저 욕부터 하고 봐야겠다.

"야, 이 §※∞㎶ж б ¤☞♨들아!"

얼마 전까지만 해도 일본의 논문이나 자료를 번역만 해서 대한민국에서 버젓이 학위를 받는 인간들이 있었다. 심지어 일본이 이 나라를 개방시키고 선진화할 수 있도록 만들어 준 은인인 것처럼 떠드는 인간도 있다. 식민지근대화론이 그것이다. 그런 논리라면 남북전쟁으로 목숨을 잃은 미국사람은 다 정신 나간 사람인가? 노예로 살면 평생 잘 먹고 잘살 텐데 왜 자기랑 상관도 없는 흑인들 해방 시켜준다고 오지랖 넓게 목숨을 버렸느냔 말이다. 왜? 정의는 지켜져야 하기 때문이다. 자유는 고귀한 것이기 때문이다. 배부른 돼지로 살고 싶은 사람이 아니라면 식민지 시절을 그리워해서는 안 될 일이다. 우리나라 물자를 수탈하기 위해 철도 깐 것 가지고 무슨 은혜냐 말이다. 백 번 양보해 우리를 위해 깔아주었다고 해도 우리는 외쳐야 한다.

"냅두란 말야. 우리가 달구지를 타고 다니던, 말을 타고 다니던. 니들이 왜 간섭질이냐!"

기분 꿀꿀해지니 이런 이야기는 그만 하고 '부동산시장'으로 넘어가자. 이번 이야기는 '일본 부동산 붕괴를 예로 들어 한국의 부동산 붕괴를 논하지 말아야 할 이유' 되겠다. 오랫동안 일본이 우리의 롤모델 역할을 해온 것은 사실이다. 그러나 일본은 더 이상 그 옛날의 일본이 아니다.

지난 세기 일본의 뒤를 무조건 좇아가다가 온갖 부작용을 겪은 만큼 우리도 자주적으로 우리의 개별적인 발전논리를 확립시킬 때가 되었다. 우리가 일본의 내부 사정에 지나치게 신경을 곤두세우지 않아도 되는 여러 가지 증거가 있다. 그것을 열 가지 정도로 간추려보았다.

첫째, 일부 분석가들이 일본의 고령화 현상을 두고 한국도 같은 길을 밟을 것처럼 떠드는데 이는 '그렇지 않다'이다. 두 나라 간 차이를 분명히 인식해야 한다. 일본은 이미 1990년 대 이후 세계 최고의 고령화율을 보이고 있다. 이는 단순히 나이에 근거한 접근으로서 방법론적 허점을 지니고 있다. 1990년대의 70대 노인과 2010년대의 70대 노인이 나이가 같다고 해서 같은 노인이라고 보는 생각은 잘못됐다.

지금 대한민국의 70대 노인들은 비아그라를 통해 성적활력을 잃지 않고 있으며, 정치활동 및 사회 전반적인 부문에서도 그 중추적인 역할을 놓지 않고 있다. 일본은 1990년대 70대 노인들의 비율이 높을 때 부동산 경기가 붕괴되었다. 하지만 대한민국의 2010년대 70대 노인은 건강이나 경제 활동에서 전혀 다른 양상을 보이고 있다. 단순히 나이만 갖고 고령화 운운, 그로 인한 부동산 붕괴론을 들먹여서는 안 될 것이다.

두 번째, 일본의 경제와 대한민국 경제는 근본적으로 다르다. 2차 세계대전 이후 대한민국은 동북아 전쟁의 화마 속에서 최악의 상황까지 내몰렸다가 50년간 급속도로 성장했다. 일본 또한 패망 후 급성장을 했지만 우리와 전혀 다른 역사적 배경을 갖고 있다.

일본은 메이지 유신 이후 미국과 서방에 대한 개방을 통하여 이미 기초성장을 이룩한 국가였다. 즉 그들의 성장 원동력은 서방이다. 그런데 그들이 모델로 삼았던 서방이 지금 무너지고 있다. 유럽경제는 붕괴일로에 있고, 부동의 1위였던 미국도 군사적 패권이나 경제력 면에서 중국에 그 위상을 공격받고 있다. 일본이 장기적 불황에 시달리는 것은 지난 100년 간 그들의 성장 동력이었던 서방이 맥을 못추고 있기 때문이다.

이와 달리 대한민국은 미국이라는 거대한 나무의 그늘 속에서 성장해왔지만 사상이나 의식면에서 볼 때, 오히려 중국과 동반성장할 수 있는 위치에 있다.

세 번째, 일본과 대한민국의 부동산은 그 성격 면에서 전혀 다르다. 면적만으로 볼 때 일본은 세계 61위의 나라로 네 개의 큰 섬인 홋카이도, 혼슈, 시코쿠, 큐슈 외 기타 작은 섬들로 이루어져 있다. 환태평양 조산대에 위치한 탓에 일본은 연중 3천~4천 회의 지진을 겪고 있으며 세계 화산지대의 10%가 일본 열도에 자리하고 있다. 이에 비해 한반도는 국토가 대륙에 부속되어 있다. 지진 발생빈도가 연 50회 미만으로서 지반이 안정되어 있다. 이는 빈도 면에서 볼 때 일본의 1%에 불과하며 지진의 강도로 볼 때도 현저히 안정되어 있다고 할 수 있다.

부동산의 근본은 땅이다. 하지만 땅이라고 해서 다 같은 땅이 아니다. 일본의 부동산은 그 활용성과 안전을 담보하기 위해 땅 값의 몇 배에 이르는 비용을 치러야 한다. 가격 대비 생산성이 현저히 떨어지는 땅이다. 그런 점에서 일본과 한국 땅을 같은 수준에 놓고 비교하는 것은 어불성설이 아닐까.

네 번째, 일본의 부동산은 미래에 대한 비전이 없다. 과거 스페인과 영국이 지리적 이점을 발판으로 전 세계 오대양을 누비면서 경쟁적으로 식민지를 수탈하는 데 앞장섰다. 해양은 무역의 통로이자 세계를 집어 삼키는 데 발판 역할을 해왔던 것이다. 그런 점에서 섬나라인 일본이 식민지 경쟁에 뛰어든 것은 당연한 역사적 결과인지도 모른다.

하지만 미래는 달라지고 있다. 지금은 대한민국이 남북으로 단절되어 있어 섬나라 일본처럼 해양을 통하지 않으면 세계로 연결될 통로가 없지만 우리에게는 남북이 하나되는 통일에 대한 희망과 미래가 있다.

그리고 막연한 통일이 아니라 이미 2000년 6·15공동선언을 통해 우리는 남북 경제협력이 가능하다는 것을 보여주었다. 물론 이명박 정부 이후 단절된 모습을 보였지만 남북 갈등을 조장하고 그것으로부터 발 디딜 틈을 찾아 생존하는 세력들을 거세시킨다면 북한의 개혁 개방을 통해 저렴한 비용을 들이고도 자연스런 통일이 가능할 것이다.

지금 세계는 이념으로 편을 갈랐던 냉전시대가 아니라 자국의 이익을 위한 경제적 교류를 중심으로 하는 시대로 바뀌었다. 남북의 낡은 이념대립이 아니라 경제적 이익을 이유로 한 교류는 언제든지 가능하다는 것을 보여주고 있는 것이다.

그리고 지금 우리가 주목해야 하는 것이 아시아 지도다. 일본 경제는 미국을 기반으로 하는 경제였다. 그러했기 때문에 일본을 통과해서(과거에는 미국으로 가려면 일본에서 비행기를 갈아타야 했다.) 미국으로 진출해야 하는 대한민국이 불리했던 것은 사실이지만. 지금은 경제의 주축이 중국으로 바뀌고 있다. 대한민국이 일본보다 유리한 지리학적 위치에 있다는 것이다.

다섯 번째, 일본과 대한민국은 부동산의 효율성 면에서 다르다. 어린 시절, 컴퓨터에 심취했던 나는 종종 미국의 부동산과 일본의 부동산, 대한민국의 부동산을 컴퓨터의 CPU에 비교하곤 한다.

미국은 엄청난 제작비를 들여 어마어마한 크기로 만든 진공관 컴퓨터인 에니악이라고 보면 된다. 일본은 클럭 속도만 높은 CPU이다. 반면에 대한민국은 클럭 속도만이 아니라 잘 설계되어 있는 아키텍쳐로 만들어진 고효율의 CPU다.

제작비와 고철 값으로 따지면 미국이 최고일 것이지만 사막 한가운데 무선기지국을 세울 수 없는 것처럼 때로는 너무 큰 것이 약점으로 작용한다. 처리속도로 따지면 일본이 최고일 것이다. 하지만 이런 CPU는 구조적인 문제로 다량의 열을 발생시킨다. 열을 식히기 위해 강력한 팬이 필요하고 이로 인해 많은 전기가 소모되며 그럼에도 불구하고 자기 열을 견디지 못해, 가다가 한 번씩 다운되는 악순환을 반복하게 되는 것이다.

그들은 빈번한 지진에 대비하기 위해 어마어마한 건축비를 지불하고 있다. 그러고도 잊혀질만하면 한 번씩 발생하는 지진과 해일로 인해 엄청난 피해를 입는다. 일본 땅에 대해서는 그저 클럭 수만 높은 CPU라고 말할 수밖에 없다.

컴퓨터에서 가장 중요한 것은 효율성이다. 이는 컴퓨터를 운영하는 소프트웨어의 성능에 달렸다. 미국이나 일본에 비해 대한민국의 땅은 매우 효율적으로 관리되고 있다. 인천공항에 도착해서 거미줄처럼 연결되어 있는 교통망을 이용하면 1박 2일 동안 세미나, 관광 유흥, 공장 시찰을 모두 마치고 자국으로 돌아갈 수 있다.

20세기의 사업이 대량생산을 기반으로 했다면 21세기 사업은 다양성과 속도에 대한 경쟁이다. 이런 관점에서 볼 때, 대한민국이 현재 세계 최강의 IT강국이 된 것은 삼성의 역할이라기보다 대한민국의 고유한 지리적 특성 덕분이다.

여섯 번째, 일본과 한국은 정치의식 면에서 수준이 다르다. 일본은 아직도 천황이 존재하는 나라이다. 대한민국은 민주화의 속도가 세계에서 가장 빠른 나라다. 한 사회의 정치적인 의식수준이라는 것이 그 사회의 미래에 대한 발전 가능성을 보여주는 척도라고 할 때 대한민국은 매우 희망적이다. 겉으로 보기에는 진보와 보수의 정치 사상 대결로 혼잡한 모습을 보이는 것 같지만 이는 한 나라가 발전 하는 데 있어 아주 좋은 견제세력이 되어 준다. 즉 새로운 시대를 열 기 위하여 희망적인 논쟁을 벌이는 것이다.

불행하게도 일본은 이러한 논쟁조차 없다. 천황을 숭배하는 것도 모자라 최근 들어 우익화 경향이 더 강해지고 있다. 국제적 왕따가 되고 있는 일본에 비해 대한민국은 한류를 통해 오히려 세계 문화를 선도하고 있다.

1970년대만 해도 동아시아 문화를 리드하는 나라는 일본이었다. 당시에는 일본의 경제성장과 더불어 부동산 가격도 함께 폭등했었 다. 그러나 점차 일본 문화역량이 침체하면서 경제성장이 둔화되더 니 그 여파로 부동산까지 가격폭락 시대를 맞이했다. 지금의 대한민 국의 경제수준과 일본의 GDP를 단순비교하면 안 되는 이유다.

지금 우리나라의 GDP가 일본의 버블붕괴 때를 겨우 따라잡고 있 지만 문화 콘텐츠에서 만큼은 일본을 누르고 세계시장을 장악하고 있다. 당장은 소득이 적더라도 향후 소득을 끌어 올릴 크나 큰 원동 력을 가지고 있는 것이다. 단순히 숫자상의 비교가 아니라 그 숫자 뒤에 무엇이 있는가를 생각해 봐야 한다. 명동의 땅값이 비싼 이유 가 무엇일까. 명동에는 명동의 문화가 있기 때문이다. 마찬가지로 강남의 땅값이 비싼 이유는 그곳에 강남의 문화가 있기 때문이다.

땅의 가치를 말할 때 콘텐츠를 빼놓으면 안 된다. 작금의 상황에서 누군가 투자설명회에 온천사업을 끌어들이면 바로 사기꾼이다. 콘텐츠가 달라졌기 때문이다. 지금 대한민국은 말도 많고 탈도 많지만 한류라는 이름으로 세계 문화를 선도하는 시발점에 있다. 시발점이라는 것은 아직도 성장할 것이 더 많다는 것이다. 도대체 일본이 더 이상 성장할 원동력이 무엇인가?

일곱 번째, 대한민국 부동산 붕괴에 대한 경고는 20년 동안 반복되었다. 일본 부동산 붕괴의 영향 때문이다. 즉, 대한민국은 20년 동안 꾸준히 부동산 붕괴 예방주사를 맞아 온 셈이다. 설사 우리가 부동산 붕괴를 피해갈 수 없다고 해도 20년 동안 의식적으로, 무의식적으로 이에 대한 준비를 하고 있었기 때문에 대처 속도에 있어서만큼은 일본과 비교할 수 없을 것이다.

실질적인 상황은 일부 부동산 붕괴론자들이 떠들어대는 상황보다 덜 심각하다. 언론에서 거론한 지역(강남, 동탄 등) 외에는 부동산에 대한 충격은 미비한 편이다. 오히려 일부 지역의 소형 평수들은 가격이 다소 오르거나 안정화된 거래를 보여주고 있다. 다만 이 사실을 왜곡 보도하고 있는 언론이 문제다. 도대체 대한민국 전체를 놓고 볼 때, 재개발이나 강남의 아파트에 돈을 투자해서 손해를 본 사람이 몇 명이나 되냐 이거다. 기자님들 친척들이 손해라도 봤냐? 부자들이 손해 보니 그 난리를 피우는 거냐?

여덟 번째, 일본은 장기적인 디플레이션에 대한 부동산 붕괴를 말하고 있다. 하지만 여기서 우리가 생각해야 할 것은 진정한 디플레이션이 세계경제에 한 번이라도 있었는가 하는 점이다. 일본은 지난 20년 간 과도한 경제성장으로 인해 이미 높은 물가고를 겪고 있는 상황이다. 이런 와중에 중국의 값싼 물건이 유입되면서 상대적으로 물가가 떨어지는 것처럼 보일 뿐이다. 즉 일본이 말하는 디플레이션은 특수한 시장상황에서의 부분적 디플레이션이다. 생산원가가 올랐는데 물가가 떨어질 리 없다. 세계경제에 있어 디플레이션이 나타난 경우는 일찍이 한 번도 없다고 나는 주장한다.

그렇다면 일부 전문가들은 왜 디플레이션을 주장할까. 혹시 디플레이션으로 인해 소비가 위축되고 이는 경기침체로 이어질 거라는 논리를 통해 정부나 기업이 인플레이션을 유발할 명분을 찾는 것이 아닐까. 무서운 일이다. 그들의 논리대로라면 우리는 쓰나미가 밀려오기 전, 일시적으로 물이 빠지는 현상 한 가운데 놓인 셈이다.

정말 디플레이션 때문에 강남의 집값이 떨어지는 거라면 저 땅 끝 해남의 땅값이 오르는 이유를 어떻게 설명할 것인가. 서울의 재건축 아파트 값이 떨어지고 있는데 수년간 지방의 빌라 가격이 평균 30%

이상의 상승을 보이는 건 또 어떻게 설명할 것인가. 물론 지방 집값의 상승은 인플레이션에 대한 상승이다.

우리는 80년대 이후 30년간 전 세계적인 물가상승고를 겪고 있다. 가파른 물가상승률 속에서 대한민국의 부동산 시장도 성장을 거듭해왔다. 우리는 다만 현재 일부 왜곡된 시장 즉 강남, 재건축에서의 거품이 빠지는 현상을 대면하고 있는 것이다. 일본 열도 전체의 거품이 빠지는 것과는 다른 문제다. 특수한 경우의 문제를 전체로 확대시키는 부동산 전문가의 분석을 경계해야 할 것이다.

아홉 번째, 우리는 지난 20년간 일본 덕택에 대한민국의 부동산 붕괴에 대한 경고와 충고를 끊임없이 들어왔다. 그러나 우리가 부동산 붕괴를 경험한 것은 실질적으로 5년 전부터다. 적어도 5년 전에 문제를 제기했으면 그 말을 철썩 같이 믿고 빠져 나왔을 텐데 20년 내내 떠들어 대는 통에 아무도 그 말을 믿지 않았던 것이다. 누가 20년 동안 거짓말을 하는 양치기를 믿을 수 있을 것인가.

이즈음에서 대한민국 아파트에 대한 경매 감정가의 변화를 지켜보자. 경매 감정가는 주택, 아파트에 관계없이 토지가격과 건물가격에 대하여 분리 평가한다. 가령, 서울에 5억 원짜리 아파트가 있다고 하자. 지방에는 5천만 원짜리 아파트가 있다. 서울 물건은 1991년산이고 지방은 1993년산이다. 서울 아파트의 경우 땅값이 2억5천만 원이고 건물 값이 2억5천만 원이다. 땅값과 건물 값이 똑같다. 지방의 아파트는 땅값이 2천5백만 원이고 건물 값이 2천5백만 원이다. 역시 똑같다.

그러던 것이 세월이 흐르면서 재밌는 현상이 나타난다. 감정가의 변화가 그것이다.

2억5천이던 서울아파트의 땅값이 1억 올라 3억5천만 원이 되었다. 대신 건물 값은 2억 원으로 뚝 떨어졌다. 그래도 결과적으로 5억 5천만 원으로 5천만 원이 상승했다. 지방 아파트의 경우에는 2천5백이던 땅값이 3천으로 오르고 건물 값은 2천5백만 원으로 현상 유지했다. 그래도 전체 가격은 5천5백만 원이 되어 지방도 500만 원 상승분을 경험했다.

땅값의 경우, 서울이 1억, 시골이 5백만 원 올랐지만 결론적으로 서울 땅값과 지방의 땅값은 같은 비율로 상승한 셈이다. 통상적인 인플레이션에 대한 결과다. 하지만 건축물 대한 가격만을 놓고 볼 때, 서울은 오히려 떨어졌고 지방은 건물분에 대하여 현상 유지했다. 왜 이런 현상이 벌어진 걸까. 같은 시멘트, 같은 자재를 써서 시공했다고 한다면 감가상각비를 고려하여 같은 하락세를 경험해야 하지 않는가.

통상적으로 분양을 할 때는 서울이든 지방이든 차이 없이 건물 값과 땅값을 50:50으로 안분해서 평가한다. 그러던 것이 세월의 흐름에 따라 지연적으로 땅값은 오르고 건물 값은 떨어지는 현상이 벌어진다. 이런 상황에서 지방의 건물분에 대한 하락폭이 적은 것은 애초 서울의 건물가격에 거품이 끼었던 탓이라고 볼 수 있다.

서울이 가지고 있는 콘텐츠는 그 영향력이 막강하기 때문에 서울의 집값이 비싼 것은 당연하다. 하지만 한때 재개발이라는 타이틀로 실질적 가치와 상관없는 거품이 만들어졌다가 지금 그 거품이 빠지면서 부동산 위기론이 터진 것이다.

부동산에 대한 연구를 거듭할수록 고 노무현 대통령께 감사를 드리지 않을 수 없다. 노무현 대통령의 말도 안 되는 정책이, 무너져가는 대한민국의 부동산 시장을 그나마 살렸다. 미친놈을 말리는 데는 몽둥이가 약이다. 강력한 금융제제가 현 부동산 시장의 악재를 최소한으로 만들었다. 제재를 받은 당사자는 억울하겠지만 거시적으로 볼 때 다행이라고 할 수 있다. 만약 현 집권세력이 먼저 정권을 잡았다면 지금의 부동산 악재는 손조차 쓸 수 없게 되었을 것이다.

노무현 정부에서 지방 땅값을 올리는 정책을 편 결과, 지방 땅값이 마구 추락하는 서울 땅값의 마지노선을 잡아주고 있다. 지금 아파트 값이 반 토막 날 거라고 떠드는 네티즌들이 많다. 이는 사이비 교주의 종말론과 같다. 그들의 말에는 어떠한 희망도 구원도 없다. 중요한 것은 수도권의 아파트 가격의 하락에도 불구하고 지방 주택 값이 상승하고 있다는 사실이다.

지방 주택 값을 보면 강남을 제외한 수도권 아파트값의 70% 가격에 육박하고 있다. 이는 더 이상 수도권 아파트 가격이 70% 이하로는 떨어지지 않는다는 것을 반증하고 있다.

열 번째, 일본의 부동산 정책과 우리의 부동산 정책은 다르다. 어느 사회든 비슷한 점이 있겠으나 무턱대고 단순 비교하는 논리에는 빠지지 말아야 한다. 그렇게 일본을 따라가고 싶다면 일제치하에서 황국시민을 거론하면서 내선일체를 떠들었던 그 반역자들과 지금 당신들의 모습이 무엇이 다른가를 묻고 싶다.

지금 대한민국을 보면 부족한 것도 많고 탈도 많다. 그럼에도 대다수 국민이 태극기 앞에서 '대~한민국'을 외쳐대는 나라가 우리나라다. 국가 경쟁력과 상관없이 스포츠에서 일본보다 앞서고 있는 것도 자랑스럽다. 우리에게는 어느 나라도 따라올 수 없는 극기정신이 있다. 이전 세대는 모르지만 지금 세대는 어느 나라보다 문화에 대하여 개방적이다. 서구의 팝문화를 K-POP과 같은 형태로 발전시켜 본국에 역수출하고 있지 않은가.

또한 우리는 순혈민족에 대한 어긋한 자부심을 일찌감치 버리고 적극적인 자세로 다문화가정을 껴안으려 하고 있다. 우리의 희망은 어쩌면 이들 다문화가정과 그들을 포용하는 우리의 자세 안에 깃들어 있는지도 모른다. 일본이 어디 그런 정책을 폈는가. 외국인에 대하여 지문날인을 강요한 것도 모자라 극우파는 노골적인 멸시와 차별대우를 자행했다. 그들이 서구 문물에 대하여 개방적이었다고 하는 것은 자본주의 정신에 입각한 산업화와 싸구려 포르노 문화였을 뿐이다.

대한민국이 일본처럼 고령화 사회로 가지 않는 이유 중 하나가 다문화 가정에 대한 적극적인 수용이다. 제3세계로부터 수혈 받은 젊은 피는 미래의 대한민국을 떠받칠 든든한 자원이 다. 다문화가정에 대해서는 아직 말도 많고 탈도 많은 것이 사실이지만 이러한 문제를 숨기지 않고 사회문제로 공론화시키는 것만 봐도 우리가 일본에 비해 난국을 타개하는 힘이 뛰어나다는 것을 알 수 있다.

[밀당게임]

　경매는 부동산을 싸게 구입할 수 있는 유효한 수단이다. 그리고 다른 수단에 비해 상대적으로 공정한 룰에 의해 경기가 치러진다고 이미 이야기한 바 있다. 상황이 이러하니 여기 저기 비결을 알려주겠다는 고수들도 많고 심지어는 학원까지 만들어 수강생들에게 경매 노하우 비법을 전수하는 사람들까지 등장한다.

　하나의 경매 물건이 시장에 등장하는 과정은 매우 복잡하다. 일단, 그 과정에서 당사자는 물론 직간접적으로 관계있는 선수들의 필터링을 거치지 않은 물건은 없다. 그렇다면 지금 이 글을 읽고 있는 독자들처럼 평범한 사람들이 경매를 한다는 것은 불가능할까?

　경매에 있어 권리관계가 복잡한 물건일수록 전문가들이 개입할 여지가 높다. 경매는 절박한 사람들의 처절한 게임장이다. 이때 스스로 전문가라고 떠들면서 마치 자기의 강의를 들으면 가망 없는 물건이라고 해도 뭔가 만들어 낼 수 있는 것처럼 현혹하는 것은 일단 의심해야 한다. 이는 경매의 기본적인 속성을 모르거나 알고도 감추고 있는 것이다.

잘만하면 이익이 많다니까 어떻게 재테크 한번 하려는 당신과, 경매시장에 물건을 넘겨놓고 절박한 심정으로 자기 재산을 지키려고 하는 사람의 일대일 싸움이라면 승부는 뻔하다. 거기에다 경매가 직업인 사람들이 집요하게 옆구리를 파고든다. 소위 작전을 세워 날로 먹으려는 것이다. 불법을 저지르는 경우도 왕왕 있다. 사정이 이러한데 당신이 승자가 될 확률이 몇 퍼센트나 될까?

전문가를 사칭하는 사람 중 간혹 고액의 강의료와 교재비만 챙기려드는 불순한 경우도 있다. 강의가 진행될수록 점점 어려운 이야기만 들먹인다. 어느 순간 강의 내용이 법무사 수준을 훌쩍 뛰어넘게 되고 가벼운 마음으로 접근했던 수강생들은 자포자기하고 만다. 돈 벌려다 돈 날린 것이다.

누가 어떻게 해서 어렵게 10만 원짜리 나훈아 공연 입장권을 5만 원에 샀다고 하자. 분명 5만 원 이익이다. 단, 그 사람이 나훈아를 좋아할 경우에 한해서만 그렇다. 내가 좋아하지도 않는 가수의 공연 티켓을 단순히 싸다는 이유로 5만 원에 구입했다면 이 사람은 어리석은 짓을 한 거다. 안 봐도 될 공연을 위해 주머니를 턴 것이기 때문이다.

나의 영원한 멘토인 아버지 이야기를 하지 않을 수 없다. 아버지는 본디 공부에 대한 열정이 강한 분이었지만 평생 건설노동현장에서 근무하시느라 따로 공부 할 여력이 없었다. 그런 분이 무슨 생각을 하셨는지 경매를 시작했다. 그리고 10여 년간 경매로 땅을 구입했다. 사는 땅마다 모든 이의 부러움을 샀다.

내가 처음 책을 출판하려고 마음을 먹었을 때 출판사 담당자는 성공사례를 위주로 다루자고 제안했다. 하지만 나는 완곡히 거절했다. 경매에서 오고가는 집 한 채, 땅 한 평에는 누군가에게는 기쁨과 누군가의 아픔이 반반씩 묻어 있기 때문이다. 내가 환호성을 지르는 순간 누군가는 집과 땅을 잃고 울고 있다. 경매로 땅을 사는 것이 아무리 법적으로 하자가 없다고 해도 떠벌릴 일만은 아닌 것이다.

내 아버지가 땅을 사는 방법은 딱 하나다. 당신이 직접 할 수 있을 만한 물건, 그리고 당신 알고 있는 것까지만 접근한다. 누가 무슨 이야기를 하던 설사 그 이야기가 맞는다 해도 당신이 명확하게 이해하지 못하고 경험하지 못한 것에 대하여는 관심을 갖지 않는다. 아버지가 관심 있어 하는 것이라면 당연히 시골 전답이다. 부동산 광풍이 불 때도 초지일관 하셨다. 그 흔하디흔한 상가나 오피스텔, 아파트 분양권에 관심을 두지 않았다. 그리고 아버지가 낙찰 받은 땅은 직접 경작하고 관리한다. 알고 있는 가치에만 돈을 지불한다는 철저한 원칙이 있었기 때문에 갖가지 소문에도 미동조차 않으셨다.

얼마 전에 있었던 일이다. 오래 전부터 동네에 아버지 소유의 밭이 있는데 인접한 작은 밭이 진입로의 일부를 막고 있었다. 평수라고 해야 50평. 농지로 봐서는 영 아닌 평수다. 하지만 그 50평의 거래를 위해 아버지는 30년간 해당 소유주인 동네 어르신과 소위 '밀당'을 했다.

"그래봤자 얼마 안 되는 돈이니 그냥 달라는 대로 주고 아버지 땅으로 편입시키세요."

내가 훈수를 했으나 아버지는 고개를 저었다.

"모르면 가만있어. 나도 내가 생각하는 금액이 있어. 내가 그 땅 가치를 아는데. 거기서 단돈 만 원도 못 얹어 준다."

어차피 당신이 가지고 있는 땅을 팔 것도 아니고, 그 분이 가진 50평도 따로 누가 매입할 수 있는 성질의 것이 아니니 두고 보시겠다는 것이다. 그렇게 지루한 밀당은 30년간 계속 되었다. 그러다가 얼마 전 그 어르신께서 위독하다는 전갈이 왔다. 그리고 그 순간 지루한 밀당은 종지부를 찍었다. 아버지는 그 분이 위독하다는 소식을 듣자 바로 달려가서 그분이 원하는 가격으로 땅값을 지불하셨다. 처음에는 떠나는 분에 대하여 아버지가 마지막 예의를 지키는 거라 생각했다. 하지만 가만 생각해보니 그동안 아버지와 그분이 재미로 티격태격 밀당을 해온 게 아닐까 하는 생각이 들었다. 이를 테면 두 분이 우정을 나누는 방식인 것이다.

"이 친구야, 이제 그만 땅 팔아!"

"돈 더 안 주면 안 팔아!"

남녀가 연애를 하듯 술자리에서 막걸리를 따르며 밀당을 하셨던 것이리라. 그러다가 드디어 게임을 끝내야 할 시간이 되었고, 아버지는 그분이 돌아가시기 전에 서둘러 게임종료를 선언하신 것이다. 그 조그만 땅은 그분의 '현재' 소유인 동시에 아버지의 '미래' 소유였다. 그렇게 50평의 땅쪼가리가 긴 시간 동안 두 분을 연결시켜 주었던 것이다.

내가 아버지까지 끌어들여 이토록 장황한 설명을 덧붙인 것은 경매를 비롯하여 모든 부동산 거래에 있어 소신이 가장 중요하다는 것을 말하기 위함이다. 소신 있는 거래는 당장의 이익으로 환원되지 않는다 해도 미래의 큰 손해를 막아 결과적으로 이익이 되어 돌아온다. 내가 아버지에게 배운 가장 큰 가르침은 가격은 시세에 의해서 이루어지는 것이 아니라는 것이다. 부동산사무실에 방문해 보라. 온통 시세가 이러니저러니, 시세 이야기만 한다. 하지만 그 시세라는 것은 현재의 거래가일 뿐 내가 느낄 수 있는 가치에 대한 가격이 아니다. 내가 지불한 대가 이상의 가치와 만족을 얻을 수 있느냐가 시세보다 더 중요한 게 아닐까. 아무리 싸게 구입한다고 해도 나훈아 공연 티켓이 내게 아무런 감흥을 주지 못하는 것처럼.

[사기의 성립 요건]

한 달에 평균 한두 번 나는 내가 쓴 글에 대하여 명예훼손이나 저작권 침해를 이유로 인터넷에서 블라인드 처리를 당하거나 삭제요청 메일을 받는다. 처음에는 억울한 마음에 흥분하고 난리였지만 지금은 그저 그러려니 한다. 면역이 된 것이다. 까짓것 지우려면 지우라지.

다음 글은 모 블로그에 올렸다가 음란성을 이유로 블라인드 처리된 글이다. 무엇이 문제일까? 그저 좀 웃자고 쓴 글인데. 당연히 사실을 근거로 한 글이고. 왜 그들의 눈에는 블라인드 처리하지 않으면 안 될 만큼 음란한 글로 비친 걸까.

사실 이 글이 블라인드 처리된 데에는 좀 복잡한 역학관계가 존재한다. 이 글 전에 나는 모 사이트에 어떤 기독교인의 행태에 대하여 비판의 글을 게재했다. 누군가 항의를 했고 그 항의에 내가 묵묵부

이사오자 마자 아내는 학교로 출근을 하고
아이들은 새로운 학교와 유치원에 적응하느라 정신이 없었습니다.
저는 출퇴근 거리가 5킬로 더 늘어 났습니다.
장에 나가는 경우는 이보다 길어진 것이죠.
아무튼 서로 힘들고 또 상황도 적응이 되지 않고……
그러다 보니 꼭 해야 할 일을 미루고 있었습니다.
벌써 며칠 전부터…… 히… 눈웃음 치는 아내를 …
피곤하다… 늦었으니 내일 장에 가야 해 일찍 자자……
또~~ 내일 하자.

날은 따뜻해지는… 봄날… 아내의 코맹녕이 소리와 눈웃음은 한층 고조되고
빨리 해야 하긴 해야 하는데…… 이러다 삐치면 나 힘들어지는데……
아 이게 꼭 하려면 시간이 없고 귀찮고 연장이 부실하고……
원래 목수가 자기집 문짝 수리 못하고 칼장수가 자기집 칼 안 가는 것처럼……
이게… 집에서 박는다는 것이 영~~~
아무튼 이사온지 2주가 지나고 나니까 … 오늘은 안해주면 가만히 안 있을 표정입니다.
야~~ 애들 빨리 밥먹이고 준비하자… 날씨 좋아… 이런 날 하자… 라고 했는데
또, 어제 먹은 맥주가 아직 내려가지도 않은 상태고…… 몸은 무겁고
아 참…… 왜 집에서 하려고 하면 이리 힘든지……

아무튼 큰 마음 먹고 준비해서…… 오전에 박아 주었습니다.
이게 조금만 박아주면 된다는 것이 어째… 박으면 박을수록 요구가 늘어나는 군요.
아침먹고 시작한 것이 이제 끝났습니다.

다는 남자분들도 마찬가지일 것입니다.
왜… 여자들은 박아 달라고 하는 것이 많은지……
그리고 이게…… 아무것도 아닌데…… 집에서 한 번 하려면 왜 미리 귀찮고 힘든지…
아무튼 오늘은 박아 줄 만큼 많이 박아 주었더니 아무소리 안하고 점심 준비하고 있네요.

…그래도 우리 마누라는 제가 박아 줄때… 참 좋아합니다.
이상한 생각하지 마시고…… 오늘 벽에 못 좀 박아 주었습니다.··

음…… 낮에 충분히 박아주었더니……
오늘 밤은 옆 동네에 가서… 히히~~ 쇠주좀 빨아야겠습니다.

답으로 일관했다. 그 결과 이렇게 엉뚱한 글에 시비를 걸어 온 것이다. 박는다는 말이 음란한가? 정확히 말하면 박는다는 말이 음란한 게 아니라 그 사람 머릿속에 든 생각이 음란한 것이다.

재미있는 것은 우리나라에서는 박은 것을 박았다고 하면 음란한 글이 되고 사기꾼을 사기꾼이라고 하면 명예훼손이 된다는 사실이다. 사기를 막으려면 사기 행각이 성공하기 전에 제지해야 한다.

하지만 현실적으로 한창 사기꾼이 사기 행각을 벌일 때 막을 수 있는 방법은 없다. 사기꾼은 늘 사후에만 사기꾼이라고 할 수 있는

것이다.

대한민국 수맥을 동맥경화로 만들어 놓은 4대강. 많은 국민들이 막으려고 애썼지만 오히려 우매한 국민들을 선도해야 한다는 사명감으로 똘똘 뭉친 일부 권력자들에 의해 우리의 의지는 물거품이 되고 말았다. 그들이 그 사업을 진정 필생의 대업으로 인식하고 있었던 것인지 아니면 단순히 거기서 떨어지는 콩고물을 노린 것인지는 모른다.

하지만 그렇게 해서 탄생한 4대강 작품에 대하여 누가 책임을 질수 있을 것인가. 전국 온 가정의 수도꼭지에서 녹조라떼가 나오든 녹차라떼가 나오든 아무 거나 마시면 된다고 생각하는 건가? 어린 아이가 이끼 낀 물을 받아 마셔도 책임질 사람은 없고 눈에 보이지도 않는 바닥파내기 공사로 돈을 번 사람만 남는 현실이 도대체 정상적인 현실인가.

사실 사기가 쉬운 게 아니다. 사기 행각을 하려면 온 정성을 다해 상대방의 마음을 얻어야 한다. 그래서 때로 사기행각이 정상적인 영업행위로 포장되는 것이다. 사기의 종류도 다양해서 단체이름을 이용하여 봉사활동으로 포장된 사기도 있고, 연예인을 내세워 공신력을 얻어낸 사기도 있다.

사기를 친다는 것은 적당한 이익금을 추구하는 것이 아니다. 이익금이 적당하다는 것은 정상적인 상행위다. 정상적인 상행위와 사기의 차이는 방법론적인 것도 있겠지만 이익금이 도를 넘느냐 넘지 않느냐의 문제일 수도 있다.

건강식품을 팔 때, 아주 조금의 차익만 남겼다면 설사 판매 와중에 만병통치약처럼 애드립을 쳤다고 해도 그냥 그것은 마케팅이다. 하지만 우리가 이해할 수 없는 금액으로 팔았다면 이는 사기 행각이 된다.

그래도 건강식품이야 이익을 남기는 데 한계가 있지만 만약 기업에서 덩치가 큰 것을 판다고 할 때 대체 원가 대비 얼마가 남아야 적당한가는 애매한 문제다. 기본 재료에 대한 원가산출은 가능하지만 여기에 광고비가 가산되면 전체적인 원가가 쑥 올라가는 것이다.

생산자와 소비자 간에 오랜 기간 유통되어 온 물건을 두고 사기 칠 확률은 적다. 아무리 유기농으로다가 정수기 물을 먹여 키웠다고 해도 쌀이 비싸봤자 쌀이다. 아이스크림도 마찬가지다. 브라보콘이니 메타콘이니 시중에 많이 나와 있지만 이미 경쟁사들이 판매를 위해 출혈 경쟁을 했고 유통의 효율성을 찾기 위해서 많은 시간과 노력을 들였다. 오랜 세월 먹어 오면서 소비자들도 제품에 대한 정보를 충분히 가지고 있다. 즉 아이스크림은 별다른 광고 없이도 소비자와 판매자를 연결시켜 준다. 이런 물건은 원료에 노동력, 유통비 등을 합산하여 이익을 산출하면 그만이다. 따라서 아이스크림으로 사기 치려 하면 바보다.

그럼 사기는 어디에서 이루어지는가. 아직 소비자들이 정확한 정보를 가지고 있지 않은, 신제품을 바탕으로 이루어진다. 이러한 사기행각은 통상 명확한 피해자가 집계되지 않는다는 공통점을 가지고 있다. 즉 미래에 피해를 볼 사람만 가득하지, 현재 피해를 본 사람은 없다. 사기를 당하고도 일정 시간이 흐르기까지는 자기가 사기를 당한 줄 모르는 것이다.

지금 전국에서 일어나고 있는 전원마을 붐을 그 예로 들어보자. 기획부동산과 디벨로퍼들의 전원마을 분양은 성격에 있어 약간 다르지만 일단 현재 전원마을 진행하는 사람들은, 눈에 보이는 사기행각이나 법적인 문제를 저지르기 않았다.

"공기 좋고 물 맑은 곳에 이 정도 금액이면 거저입니다."

생각하기에 따라 맞는 말이기 때문이다. 하지만 공기 좋고 물 맑고 가격이 싸다고 해서 다 살기 좋은 것은 아니다. 인간이 산골짜기 다람쥐도 아니고 산속에 처박혀 도토리만 따먹을 생각이 아니라면 누가 그런 곳에 들어가 살 수 있겠는가.

바로 그 부분에 사기성이 있다. 누구도 살아보지 않았으니 미리 사기라고 말하기가 어려운 것이다.

A라는 업체가 전원마을을 분양하려고 한다. 나름 땅값과 개발비용을 감안한 가격이 평당 30만 원 선이다. 일반적으로 마을이라고 할 경우 20세대에서 200세대 규모로 이루어지는데 통상 전원마을은 1주택 당 200평 내외이며 땅값은 1억 원 전후로 형성되는 경우가 대부분이다. 뭔가를 팔려면 홍보가 필요하다. 언뜻 생각하기에 보도자료 좀 내고, 전단지 돌리고, 홈페이지만 만들면 다 될 것 같다. 하지만 현실은 그렇게 간단하지가 않다. 휴대폰 고객 1명을 유치하기 위한 광고비가 750만 원이라면 1억짜리 땅을 구매할 사람을 찾기 위해서 얼마의 광고비를 들여야 할까.

내가 그 동안 한 사람의 고객을 유치하기 위해 사용한 경비를 샘플링을 통해 계산해보니 평균 1,500만 원이 나왔다. 실계약자가 아닌 그저 관심만 갖게 하는 돈이 이 정도라는 것이다. 많은 사람들이 광고비를 우습게 안다. 어느 정도 광고를 하면 저절로 입소문이 나서 사람들이 몰려들 것으로 생각한다.

현재 우리나라는 대기업의 광고공세로 인하여 어설픈 광고는 소비자의 관심을 받을 수조차 없게 되었다. 자연히 광고에 대한 효과도 기대할 수 없다. 5만 원짜리 운동화를 파는 것도 아니고 1억이 넘는 부동산을 판매하는 것이다. 소비자 입장에서 그 만큼 신중해지기 때문에 광고를 많이 한다고 해도 구매자들이 물밀 듯이 몰려올 가능성은 없다. 이들이 원하든 원하지 않든 사기꾼의 길을 가게 되는 이유가 여기에 있다. 솔직하게 이야기 해서는 먹히지 않는 것이다. 실정법을 위반하지 않았으므로 사기꾼이 아니라고? 그들은 현행법을 위반한 사기꾼보다 더 나쁜 사기꾼이다. 자신으로 인해 예상되는 피해를 방치하여 많은 사람들로 하여금 금전적 손해를 입히지만 정작 본인은 법의 구속력을 피해가기 때문이다.

그들이 만들어 놓은 자료란 것이 얼마나 어설프고 불투명한지는 어느 정도 관심을 가지면 충분히 알 수 있는 사실이다. 하지만 언론은 그들의 행태를 밝히기는커녕 도리어 칭찬을 하여 소비자의 관심을 유도한다. 왜 그럴까. 이유는 간단하다. 그들이야말로 언론사의 유력한 광고주이기 때문이다. 다른 이유는 별로 없다고 보면 된다. 나중에 피해자가 나오고 언론사에 이의를 제기하면 그들은 이런저런 말로 어물쩍 넘긴다.

지난 대선 때, BBK사건을 해명하라는 여론에 대하여 문장에 주어가 없다는 이해할 수 없는 말로 어물쩍 넘어가는 당시 한나라당 여성 대변인의 얼굴이 떠오른다.(그리고 그들은 이제와서 새누리당이기 때문에 한나라당 이야기는 하지도 말라고 한다. 정말 새머리들도 아니고…….)

부동산 사기의 특징은 사건이 터지기 전에는 사기인지 알 수 없다는 데 있다. 살기 좋은 곳이라고 해서 왔더니 살기 안 좋더라. 이렇게 말하려면 일단 땅을 사서 살아봐야 한다. 그러나 이미 그때는 늦다. 우리가 보기에 사업진행 단계에서부터 뻔한 사기성 모집이라고 해도 법적으로 고발할 수 없다. 그런 사기꾼에게도 나름 논리가 있기 때문이다.

"어떻게 될지 앞 일을 누가 어떻게 알아?"

이는 곰과 호랑이에게 쑥과 마늘을 먹으면 사람이 될 것이라고 말한 단군신화의 맥락과 같다. 곰은 잡식성이고 동굴생활을 하기 때문에 백일을 견딜 수 있었지만 호랑이는 육식성이기 때문에 도중에 포기했다. 그렇다면 처음부터 환웅의 말을 듣고 굴에 들어간 호랑이에게 잘못이 있는 것인가? 호랑이가 성공하지 못하리라는 것을 알고도 공평하지 않은 시험을 주도한 감독관에게 잘못이 있는 것인가? 감독관의 행동은 모든 것을 알고도 '그냥 시작해!'라고 말하는 언론사의 부정직한 행위와 같다. 신화 속 호랑이는 사람만 되지 못했지만, 만약 동굴에 들어가는 조건으로 수억 원의 입장료를 냈다고 생각할 때 그 피해는 누가 책임질 것인가. 형법전서를 잠깐 펼쳐보자.

제347조 (사기) ① 사람을 기망하여 재물의 교부를 받거나 재산상의 이익을 취득한 자는 10년 이하의 징역 또는 2천만원 이하의 벌금에 처한다.〈개정 1995.12.29〉

② 전항의 방법으로 제삼자로 하여금 재물의 교부를 받게 하거나 재산상의 이익을 취득하게 한 때에도 전항의 형과 같다.

여기서 '기망'은 그럴듯하게 속인다는 뜻이다. 환웅은 일단 "쑥과 마늘을 먹고 저 동굴에서 백일을 있으면 사람이 될 것이다."라고 말했을 뿐 다른 책임은 없다. 감독관은 "나는 몰라, 그냥 시험 치는 데 감독해 달라고 해서 온 거야." 표면상 감독관은 재물의 교부나 금전적 이익을 받은 것이 없다. 다만 환웅의 요청에 의해 광고를 해주었고 소정의 광고비를 받았을 뿐이다.

> ## 공 고
> 환웅이 하늘에서 내려와 배우자를 찾고 있음.
> 자격 : 나이 16세 이상, 키 160㎝ 이상.
> 조건 : 100일간 지정된 동굴에서 쑥과 마늘을 먹어야 함.

시험이 진행된 결과, 곰이 사람이 되었고 호랑이는 숲속으로 돌아갔다. 호랑이는 사기 당한 기분이었겠지만 곰은 사기를 당한 게 아니다. 결론적으로 곰은 사람이 되었고, 환웅은 신부를 얻었다. 감독관은 광고비를 챙겼다. 호랑이만 피해자다. 이것이 바로 가해자 없는 사기의 전형적인 구조다.

전원마을의 분양형태를 비방하면 명예훼손이나 허위사실 유포로 처벌받는 이유가 여기에 있다. 언론사는 사람들의 관심을 끌기 위해서 연예인들을 동원, 연일 행복한 전원마을의 풍경을 보여주고, 전문가라는 분들은 마치 최고의 선택인 것처럼 떠들며, 업자들은 이들의 이야기를 재생산하여 홍보에 열을 올리고 있다. 아무도 거짓을 말하지 않았다. 하지만 그 말을 믿고 따른 사람은 피해자가 되었다. 이것이 현재 전원마을의 진실이다.

더 큰 문제는 동굴 장사가 남는 장사라는 소문이 퍼지면서 여기저기에서 동굴을 파고 하늘나라의 환웅의 사촌에 외사촌에 사돈에 삼촌까지 초빙을 해서 결혼 이벤트를 벌이는 업자들이 생겨난다는 사실이다. 이들은 눈에 불을 켜고 희생물이 될 호랑이를 찾고 있다.

전원마을 광고를 보면 답답하기 그지없다. 뭔 놈의 시골이 그렇게 산수 좋고 인심 좋아서 들어오지 못해 안달이란 말인가. 대한민국에 헌법이 선포된 이래 수십 년 동안 농촌은 생활기반 시설 부족으로 못 살겠다 아우성치는 사람들투성이였다. 외국에서 신부를 데려오지 않으면 결혼조차 못한다. 그렇게 살기 좋은 곳이면 여자들이 왜 도시로만 시집가려 하겠는가. 각종 지원금을 통해 가까스로 젊은 피를 붙잡았지만 수익모델이 없어 그나마 무너지고 있다.

업자들이 그려놓은 조감도를 보면 비나 와야 물이 흐르는 하수구를 멋진 개천으로 그려 놓고 모든 집들이 남향인 듯 그려 놓으며 교통이 사통팔달이라고 이야기한다. 더욱 놀라운 것은 50㎞ 떨어진 스키장을 '인근에 스키장이 있다.'고 소개하는 대목이었다.

그들이 판매하고자 하는 전원마을이 그리 좋은 것이라면 원주민이나 그곳이 고향인 사람들의 신청이 쇄도해야 한다. 그러나 입주자의 대부분은 그곳에 연고가 없다. 그리고 그들의 홍보 전략도 인근 주민들이나 향우회가 아닌 그 고장에 대하여 전혀 모르는 사람들을 대상으로 하고 있다. 그곳을 잘 아는 사람보다는 모르는 사람에게 파는 것이 훨씬 수월하기 때문이다.

실효도 별로 없는 광고로 막대한 돈을 써 가며 그들이 사업을 지속하는 이유를 뭘까. 그들은 어차피 남의 돈으로 사업을 시작했기 때문에 어떻게 되든 마지막까지 사업을 끌고 가야만 한다. 처음 생각과 달리 중간에 문제가 발생했다고 하더라도 달리는 호랑이 등에 올라 탄 이상 멈출 수가 없다. 뛰어내릴 용기가 없는 것이다. 최악의 경우, 본인들도 망하고 입주한 사람도 망한다고 해도 말이다.

그에 더해 이러한 사실을 알려야 할 언론들까지 자신의 본분을 잊고 있다. 언론 역시 자기 밥그릇을 발로 찰 용기가 없는 것이다. 배불리 먹고 보자는 식이다. 일이 터지고 나면 보이지도 않는 자리에 올렸던 토막기사를 근거로, 자신들은 충실하게 경보를 울렸다며 다른 먹거리를 찾아 나선다. 머지않았다. 피해자가 속출할 때 어떤 논조로 스스로를 방어할지 벌써부터 궁금하다.

현재 나쁜 생각으로 순진한 사람들을 꾀는 일부 부동산 전문가들의 과거에는 공통점이 있다. 자랑과 달리 그들의 과거는 각종 고소와 심지어는 사기죄로 얼룩지어져 있다. 수도 없는 피해자를 만들었음은 물론이다. 그러고도 그들은 직함을 팔아 사기를 친다.

재미있는 것은 인터넷에서 그들을 따르는 추종 세력들은 그들처럼 디벨로퍼를 꿈꾸는 사람들이고 그들에게 돈을 투자하는 사람들은 인터넷을 잘하지 않는 사람들이라는 것이다. 나에게도 메일이나 전화가 온다.

나는 디벨로퍼를 꿈꾸는 사람들에게 줄 수 있는 정보가 없다. 디벨로퍼가 아니기 때문이다. 그냥 반찬을 나누며 함께 식사할 친구들을 찾는 사람일뿐이다.

사기꾼과 판사

요즘 지주클럽 3차 공투로 인해 한 달에 세 곳의 법원에 출두하고 있다. 어느 날인가 화를 참지 못하고 재판장에게 한마디 할까 고민하던 차에 판사가 대놓고 불만 있냐고 묻는다. 워낙 지엄하신지라 입술에 붙어 있던 '한마디'가 쏙 들어갔다. '뭐, 아닙니다.'라고 우물쩍 말은 넘기며 가자미눈을 보여주는 것으로 소심한 항변을 했다.

어차피 항고심으로 가야할 재판이다. 재판이 거듭되면서 양복을 입고 가는 성의 따위는 옆집 개에게 줘버렸다. 재판장이 성의 없이 하는 질문에, 나 또한 성의 없이 대답하고 돌아오는 게 전부다.

많은 재판을 하지는 않았지만 몇 번의 민형사 재판을 하면서 느낀 것이 크다. 특정 판사에 대하여 불만을 말하고자 하는 것이 아니다. 다만, 대한민국 국민으로서 대한민국 사법부에 대하여 약간의 문제를 제기하고 싶다. 법원을 함부로 욕하는 것은 궁민窮民의 도리가 아니니까.

이제부터 소설을 시작한다. 사기꾼과 피해자가 있다. 피해액이 1억이다. 많은 사람들이 대한민국이 법치국가이며 정의사회를 실현하는 국가이기 때문에 피해자가 구제를 받을 수 있을 것이라고 말한다. 지켜보자.

일단은 절차 면에서 사기꾼들은 아주 익숙하게 조서를 받고 재판에 참여한다. 오랜 법조경험(?)에서 오는 당연한 현상이다. 반면 피해자는 경찰서나 법원에 출입하는 것 자체가 스트레스다. 또한 피해자 대부분이 상대방의 범죄행위가 무슨 법에 저촉이 되는지조차 정확하게 모르고 있다.

사기꾼인 가해자는 정확한 형량이나 벌금까지도 미리 예측을 하고 있다. 이 정도는 되어야 전문가 소리를 들을 수 있다. 사기꾼은 자기가 편취한 1억에 대하여 재판에 이기는 경우는 전액을 이익으로 얻지만 재판에서 진다고 해도 처음부터 자기 돈이 아니었기 때문에 손해 볼 것이 없다. 다시 말해 밑져야 본전인 셈이다.

반면 피해자는 처음부터 자기 돈이었던 1억을 되찾기 위해서 갖은 노력과 비용을 지불해야 한다. 이미 돈을 찾아도 손해라는 것을 바탕에 두고 재판을 진행하는 것이다.

사기꾼은 이기기만 하면 남는 것은 다 이익이기 때문에 변호사 비용으로 5천만 원을 지급한다고 해도 아까울 게 없다. 5천만 원을 수임료로 떼고 나머지 5천만 원을 가져도 남는 장사다. 반면에 피해자는 자기 돈을 찾기 위해 지불해야 하는 변호사 비용 350만 원조차 너무나 아깝다. 때문에 변호사를 찾기보다 법무사를 찾거나 대서소, 인터넷, 책 등을 이용하여 소장을 작성한다.

최대한 돈을 많이 쓰고 작성한 소장과, 최대한 돈을 적게 쓰고 작성한 소장은 그 진실성을 떠나 각기 다른 힘을 발휘한다. 재판부 입장에서는 익숙한 양식에 법조문을 또박또박 정리해서 판단하기 편하게 작성한 소장이 좋을 수밖에 없다. 중언부언 무슨 말인지 이해하기 어려운 소장은 읽기조차 짜증스럽다. 더군다나 1심 판사는 경험이 적을 뿐 아니라 수많은 재판 업무를 진행하여야 하기 때문에 바쁘고 또 바쁘시다.

문제는 여기서 끝나는 것이 아니다. 시간이 지날수록 피해자는 점점 지쳐가고 가해자는 점점 여유를 찾는다. 사기꾼들은 사기 행위가 일상이기 때문에 재판도 일상이지만 피해자들은 생업이 따로 있기 때문에 재판을 진행하는 것이 여간 부담스럽지 않다. 이것을 잘 알고 있는 사기꾼은 되도록 재판이 길게 이어지도록 제도를 잘 이용한다. 반면에 피해자에게는 재판을 속행시킬 수 있는 방법이 없다.

재미있는 것은 재판부나 수사기관에서 사기꾼들의 인권이나 사생활은 철저하게 보호하는 반면 피해자의 사생활에는 큰 관심을 두지 않는다는 것이다. 이는 사기꾼일수록 개인정보에 대하여 철저하게 보호를 요청하는 반면에 선량한 피해자들은 허둥지둥 그럴 겨를조차 없기 때문이다.

이렇다 보니 내 돈을 뺏긴 것도 억울한데 막상 그것을 구제 받겠다고 찾아간 법원에서 또 다른 상처를 받게 되는 것이 보통이다. 그리고 변호사들도 사실 사기꾼들에게 더 친절하고 재판도 의욕적으로 돕는다. 사기꾼을 변호할 경우는 재판에 져도 원망이 없기 때문에 부담이 없으며, 이기면 두둑한 보너스가 생기기 때문이다. 피해자를 변호할 경우 잘해야 본전이다. 돈을 벌게 해주는 것이 아니기 때문이다. 잃어버린 돈을 주인에게 찾아준 꼴이니 수수료가 적을 수밖에 없다.

재판이 지루하게 이어지게 되면 판사도 실체적 진실을 밝히는 노력보다 합의를 유도한다. 판사 입장에서 이런 것이 덜 피곤한데다 차후 원망이나 항소를 줄이는 방법이기 때문이다. 결국 재판관은 문제를 마무리하는데 급급하며 피해자 주변 사람들도 보다 못해 '그냥 지나가는 개에게 물렸다고 생각하라'면서 포기를 종용한다.

그렇다 보니 1심 재판이 끝나면 피해자는 실의에 빠지고 가해자는 자신감이 붙는다. 또 다른 사기를 위한 아주 소중한 경험을 제공받은 것이다. 통상 실력이 있다고 하는 변호사의 경우, 지는 재판을 이기게 하는 사람을 말한다. 가령 진짜 죄를 져도 무죄로 만드는 재주를 부릴 수 있다는 이야기다. 돈은 이런 불의한 쪽으로 몰린다. 이는 단순히 사기꾼과 피해자의 차원을 떠나 약자와 강자의 싸움이라는 말로 요약할 수 있을 것이다.

　법의 이념이 정의실현, 합목적성, 법의 안정성이라고 한다. 그러나 '정의'의 기준은 매우 모호하며 '합목적성'은 주관적 개입의 여지가 너무 많다. 그래서 그들은 소크라테스의 '악법도 법이다.'라는 말을 인용하면서 법의 '안정성'을 이야기한다. 만약 문제가 생길 경우, 절차적인 이유를 들이댄다. 특히 민사재판처럼 개인과 개인의 이익에 대한 충돌 사건에 대해서는 절차적 방법이 재판의 결과에 큰 영향을 주기 마련이다.

　'보험금을 못주겠다고 버티는 H보험사'에 대한 최근 기사를 보면 어처구니없는 일이 버젓이 일어나고 있음을 알 수 있다.

　서울중앙지법 민사38단독 박정운 판사가 '노래방 도우미라는 직업을 알리지 않고 사망보험 계약을 체결한 경우 보험금을 지급하지 않아도 된다.'고 판결했다는 내용이다. '보험계약자가 이행해야 하는 고지의무를 위반했기 때문에 보험금 청구를 인정할 수 없다.'는 것이다. 보험금 지급을 거부한 H보험사나 재벌 손을 들어준 판사나 그 밥에 그 나물이다. 노래방 도우미라는 직업을 알리지 않은 것이 사망보험과 아무 인과관계가 없음에도 이런 결과가 버젓이 나온다는 것은 그들이 얼마나 비상식적인 견해를 갖고 있는지 보여준다. 재판을 조직적으로 수행하는 보험사와 달리 개인은 재판 진행 도중에 금전적 어려움과 재판에 대한 두려움을 경험하게 된다.

이처럼 일상생활의 많은 곳에서 이런 전문 집단들과 개인들의 분쟁이 늘고 있다. 부동산 시장도 마찬가지다. 이러한 피해를 막기 위해서는 개인들도 조직화되어야 한다. 혼자하면 불가능한 것도 여럿이 하면 가능해진다. 공투의 효율성이 여기에 있다. 혼자 맞서려면 깜깜하지만 등 뒤에 300명의 동지가 있다는 생각이 들면 힘이 생긴다. 영화 〈300〉의 교훈이 그런 것 아닌가. 300명만 있으면 아무리 도술을 부리는 적이라고 해도 물리칠 수 있다.

'민주주의 최후의 보루는 깨어있는 시민의 조직화된 힘이다.'

고 노무현 대통령께서 우리에게 들려주신 말이다.

지주클럽은 현재 고문 세무사를 두고 있다. 불편한 세무상담도 편하게 하고 있다. 절대로 세무사에게 굽실거리거나 기죽는 상담을 하지 않는다.

"그러니까, 네가 세무사잖아 그지? 그럼 그냥 알아서 맞춰줘야지 모르는 나에게 뭐라 하면 안 되지."

이렇게 마음이 편할 수 없다. 인터넷을 뒤지자니 답답하고 좀 안다고 까불다가 당할 듯싶고 그렇다고 세무사를 만나자니 속보이는 것 같아서 말이 안 나오고 괜히 돈만 지불하는 것 같은 생각도 들고 아무튼 영길 세무사님께 미안하다. 많이 갈궈서…….

곧 고문 변호사와 고문 형님들(?!)도 필요한 시점이 있을 것이다. 지금까지는 몰랐다. 용역은 똑같은 폭력사건에도 구속되지 않는다는 사실을. 그런 용역과 멱살잡이를 한 내가 얼마나 무지했는지 최근에야 알았다.

전원마을을 기획하고 꾸미는 사람들이 보다 참신한 대안을 마련하지 못한다면 정책은 표류하다 침몰하고 말 것이다. 본인들이야 비아그라 먹고 좋은 것으로 몸보신하면서 젊은이보다 더 열정적인 사랑을 할 수도 있고 젊은이들보다 더 활발히 사회적인 활동을 할 수 있을지 몰라도 최소한 새롭게 임신을 하거나 아이를 키울 수는 없다. 어느 마을이 아이들이 태어나지 않고 유지될 수 있단 말인가?

여러 세대가 어울려 생명이 자연스레 순환되지 않고, 노인들이 떠난 자리에 또 다른 노인들이 들어오는 곳을 우리는 '호스피스텔'이라 부른다.

기존의 전원마을이란 게 늙은이들이 주체가 되어 제안되고 설계되다 보니 미래의 희망이 없었다. 그저 풍수 이야기나 하고 물 좋고 공기 좋다는 이야기나 하고 앉아 있는 모습에 회의를 느끼고 있었는데 물김치 님과의 토론 덕에 나는 내가 꾸미려는 전원마을이 '젊은이들이 살 수 있는 곳'이라는 것에 확신을 가졌다.

PART 03

행복한 지주되기

PART 03 ▶ ▶ ▶ 행복한 지주되기

도자기와 은행 이자

나의 정 아무개 조상님이 지금 돈으로 100만 원짜리 백자를 하나 사서 막걸리를 담아 드셨다고 하자. 조선 초기, 기왕이면 세종대왕 시절로 하자. 100만 원이 비싸다고 생각할 수도 있겠지만 당시 기술로 도자기를 만든다고 생각하면 그 정도는 지불해야 마땅하지 않을까? 수백 개를 빚어 가마에 넣어도 결국 제대로 건질 수 있는 것은 몇 점 되지 않았을 테니 어쩌면 너무 싸게 잡은 것일지도 모른다.

조선 초기 백자라면 만들어진 지 500년은 넘을 테니 그냥 500년이라고 하자. 이것을 깨지지 않게 보관하여 500년을 보존하는 데 들어가는 비용을 계산해 보자.

먼저 100만 원을 500년간 년 3%의 복리로 예금을 했다고 하고 계산기를 두드려보니 무려 2,621,877,234,191원이다. 너무 심했나? 그럼 그냥 보통예금에 넣어두었다고 계산하자. 년 1%로 계산해도

144,772,772원이다. 1억이 넘는다. 당시 백만 원이나 지금 1억4천이나 가치가 같다는 이야기이다.

그렇다면 여기서 질문 하나 해보자. 당신이 500년 후의 자식을 위하여 500년짜리 예금 통장을 줄 것인가 아니면 아끼며 사용하던 막걸리 병을 물려 줄 것인가? 나의 선택은 막걸리 병이다. 이런 숫자놀음에는 두 가지 함정이 있다. 그 중 하나가 인플레이션이다.

1907년 2월 대구에서 발단된 주권수호운동으로 서상돈 등의 제안으로 일본에서 도입한 차관 1,300만 원을 갚아 주권을 회복하고자 했다.

백 년 전 대구에서 일어났던 국채보상운동國債報償運動에 관한 백과사전의 설명이다. 1,300만 원을 갚아서 주권을 회복해야 한다고 했다. 겨우 돈 천만 원에 주권을 찾을 수 있다니 얼마나 행복한 이야기인가. 역사에나 나오는 까마득한 일이라 생각되지만 겨우 백 년 전 일이다. 나의 아버님의 할아버지의 이야기, 우리들 증조부의 이야기다. 무쇠도 세월이 흐르면 녹이 나고 변하는 것처럼 우리가 시간의 흐름에 기대어 사는 이상 변화를 부정하기는 어렵다. 그럼에도 우리는 그 가치를 영원히 보존할 수 있을 것이라고 생각한다. 나아가 시간이 흐르면 그 가치도 늘어난다고 믿는다.

그래서 인플레이션이란 게 존재한다. 만약 은행이 고객의 돈을 안전하게 보관해주는 대가로 돈의 일부를 뗀다고 한다면 누구도 돈을 맡기려 하지 않을 것이다. 하지만 은행은 보관료를 떼는 대신 일정한 이자율을 약속한다. 돈을 안전하게 보관해주기까지 하는데 거기다 거저 돈을 얹어주다니. 어떻게 이런 일이 가능할까. 은행은 돈을 맡아주기도 하지만 빌려주기도 하기 때문이다. 대신 돈을 빌려줄 때는 돈을 맡아줄 때보다 훨씬 높은 대출이자를 발생시킨다.

우리는 은행에 돈을 예치하면서 높은 이율에만 욕심을 낸다. 하지만 그 연결 고리가 대출 받는 사람과 하나로 이어져 있다는 것을 생각해야 한다. 은행에서 돈을 대출받은 기업은 모든 생산품에 대하여 기본적인 이익 외에 금융비용을 얹어서 가격을 정하게 된다. 결국 나는 은행에서 받은 이자를 상품을 사면서 도로 물어내는 형국이다. 아니 더 많이 내고 있다.

물론 당신이 은행에서 받는 예금이자보다 소비를 적게 하는 사람이라면 자산을 늘릴 수 있다. 하지만 그런 일이 어디 쉬운가.

삼성경제연구소에 의하면 2012년 4인 가족 월 평균 생활비가 311만 7,000원이라고 한다. 당신이 은행에 투자하여 얻을 수 있는 돈이 이보다 많은가? 부자가 되기 위해서는 소비를 줄이고 예금을 늘려야 하지만 여기에도 허점이 있다. 도박판에 고리를 떼는 놈이 없다면 밤 새워 판이 돌아가도 결국은 확률 상 각자 가지고 있는 돈은 비슷하게 된다. 하지만 밤 새워 판이 돌아가고 나면 결국 돈을 버는 놈은 고리를 떼는 놈과 하우스지기뿐이다.

우리의 경제 구조를 보면 별 하는 일 없이 돈이 흐르는 길목에 앉아서 고리를 떼는 놈들이 많다. 결국 그들만 돈을 벌게 된다. 그런 사실을 숨기기 위해 정부는 더 많은 돈을 찍어내 서민의 손에 쥐어준다. 하지만 어제 내가 잃은 100원과 오늘 번 100원은 가치 면에서 다르다. 정부는 이렇듯 교묘히 인플레이션을 유도하여 서민들에게 손해 보지 않았다는 느낌을 갖게 한다. 그러니 예금 이자로 돈 벌 생각은 말아야 한다. 예금은 생계 수단이 될 수 없다. 다른 자산으로 갈아타기 전, 일시적으로 맡겨둔다고 생각하면 된다.

다시 골동품 이야기로 돌아가자. 누군가 당신에게 고려청자를 맡기면서 500년 후에 돌려달라고 하면 어떻게 할 것인가. 500년 간 내가 사용할 수 있으니 공짜라고 생각하는가? 그것은 착각이다. 500년 간 특정한 물건을 안전하게 보관한다는 것은 굉장히 어려운 일이다. 수많은 전쟁을 치룰 것이고 도둑맞을 위험을 넘겨야 한다. 한 마디로 결사적으로 지켜내지 않으면 안 된다. 현재 1억에 팔리고 있는 골동품에 대하여 보관 대가를 생각하면 그 물건이 결코 비싼 것이 아니다.

얼마 전 충북 영동장에 아들과 함께 나간 적이 있었다 한쪽 좌판에 옛날돈을 팔고 있었다. 아들 녀석이 골동품에 관심이 많아서 500

원짜리 지폐가 얼마냐고 물었다. 1만 원이란다. 헉~ 계산해보자. 500원을 년이자 8%로 30년 간 예치하면 5,031원이다. 그런데 이 아저씨는 1만 원에 판매하고 있다. 어마어마한 이익을 챙기는 셈이다. 하지만 이것도 잘못된 계산이다. 이 금액은 다시 말하면 30년 간 보관하는 어려움에 대한 비용이 빠진 것이다. 거기에다 30년 간 이 돈을 팔기위해 들인 수고를 더하면 계산은 달라진다. 결국 자기 수고를 생각하면 오히려 헐값에 팔고 있는 것이다.

이 아저씨가 30년 전에 자장면을 먹었다면 내 기억으로 500원이었을 것이다. 지금은 5,000원이니까 앞에서 계산한 5,031원에 근접해 있다. 예금이자는 인플레이션에 대한 아주 작은 부분만 만회를 시켜주는 것이지 그 이상도 그 이하도 아니다.

그럼 왜 이 아저씨는 돈도 되지 않는 그 돈을 팔고 있는 것일까? 우선은 자기만족이고 그 다음으로 자기 영업을 위한 하나의 수단이 되기 때문이다. 즉 이것을 통해 다른 것을 팔 수 있는 여지가 생긴다. 장사에 필요한 구색이라는 것이다. 이 아저씨에게는 '골동품 팔아요.' 라는 광고문구보다 지폐 한 장이 더 좋은 PR 효과를 가져다준다. 장황하게 이런 이야기를 한 이유는 다음과 같다.

땅을 살 때는 단순히 수익구조만 염두에 두면 안 된다. 내가 몇 해 전, 회원들에게 전라도 땅끝마을 어귀에 있는 300평짜리 야산을 경매로 낙찰 받아 준적이 있다. 회원들 누구도 그 땅에 가본 사람이 없다. 그저 위성사진으로 보고, 감정평가서의 사진으로 확인하고 좋다고 생각했을 뿐이다.

재미 있는 것은 그 땅을 구입한 분들이 대부분 경상도 사람이라는 것이다. 생전 전라도 땅에 발을 디딘 적도 없는 사람들이다. 그들은 그게 돈이 될지 안 될지보다 단돈 100만 원으로 우리나라 땅끝마을의 야산을 구입했다는 사실에 가치를 두었던 것이다. 땅은 얻는 순간 행복해야 하며, 보유하는 동안 행복해야 한다.

올 6월 29일 한 통의 전화를 받았다. 내가 시장에서 노점을 할 때 알고 지내던 이웃 할머니였는데 딸 소유의 땅이 경매로 넘어가게 되었다는 것이다.

"어떻게 방법이 없겠어?"

발을 동동 구르며 할머니는 안타까워했다. 충남 아산지역에 있는 나름 좋은 위치의 땅이었다. 하지만 등기부를 보는 순간 답이 없다는 생각이 들었다. 땅을 구매하자마자 땅값에 육박하는 돈을 대출받았고 그러고서 3년간 이자를 거의 상환하지 않았던 것이다. 좀 더 이야기를 나누다 보니 딸이 갖고 있는 땅이 그게 전부가 아니라는 것이다.

"인천 어디에도 땅이 또 있다고 하더라고."

솔직히 절망적이었다. 땅을 구입할 자격도 없는 사람이 오르면 팔겠다는 욕심으로 무조건 땅을 구입했기 때문에 이런 문제가 생기는 것이다. 그분이 스스로 땅을 일굴 생각을 했다든지 훗날 자식에게 물려주고자 했다면 땅값이 오르던 오르지 않던 이런 문제는 없었을 것이다.

지주클럽 회원들을 보면 공통점이 있다. 자기 욕심보다 가족을 생각하는 마음이 더 크다. 땅은 이런 사람들이 사는 것이다. 주식을 하는 사람과는 다르다. 주식은 환금성이 높고, 즉시 처분이 가능하다. 종이쪼가리에 누가 애정을 갖겠는가. 언제든 일정한 시기가 닥치면 팔 준비가 되어 있는 자산일 뿐이다.

땅이라는 것은 농부의 마음으로 한 삽 한 삽 공들여 일구고자 하는 사람들의 것이다. 땅값이 오르는 것은 부차적인 보상이다. 그들은 땅값이 올랐다고 즉시 처분하기보다 돈이 생기면 새로운 땅을 구입한다. 땅은 나의 현재보다 가족의 미래를 위한 것이기 때문이다.

땅을 구입하는 것이야말로 최대한의 절대가치에 근접한 투자다. 내가 최대한이라고 말한 것은 땅에는 세금이라는 것이 따라 다니기 때문이다. 그러므로 땅을 구매하고 그냥 놔두면 언젠가 오르겠지 하는 생각은 금물이다. 세금이 조금씩 갉아먹기 때문이다. 하지만 큰 걱정은 안 해도 된다. 그렇게 걷어간 세금은 대부분 토지와 관련된 예산으로 집행되기 때문에 땅의 가치가 오를 때 다시금 환원된다. 문제는 그렇게 내가 납부한 세금이 다시 한 바퀴 돌아서 나에게 돌아오는 시간이 필요하다는 것이다.

나는 아버지가 지금까지 가족을 위해서 어떤 노력을 들였는지 알고 있다. 그래서 나는 땅을 살 때 한 번도 주저하지 않았다. 지금처럼 폭락하는 부동산 시장에서도 내가 여유만만한 태도를 유지하는 이유다.

골동품 역시 단순히 재산 가치로만 평가할 수 없다. 골동품은 그것을 사용했던 사람들의 기억과 그 시간에 대한 향수의 가치를 지니고 있다. 100만 원짜리 골동품이 나중에 1억의 가치를 이루는 것은 먼 훗날의 이야기이고 그 골동품을 보유하고 있는 동안 느낄 수 있는 개인의 행복이 더 중요하다. 누군가 오로지 투자대상으로 막걸리 병을 구입했다고 하자. 그러면 병을 볼 때마다 은행에 빚진 100만 원이 떠오를 것이고 돈 생각하면 병 자체에 대해 애정이고 뭐고 가질 겨를이 없다. 때가 되면 팔겠다는 욕심으로 가득 찬 사람에게 행복은 없다.

[생협과 농협]

최근의 경제위기와 맞물려 생활협동조합이 대안 소비 형태로 세간의 관심을 받고 있다. 생활협동조합의 가능성에 대해 논하기 전에 먼저 살펴보아야 할 것이 있다. 생협보다 먼저 탄생한 농업협동조합이 그것이다.

1961년 8월 15일 출범한 이래 농협은 전국적인 조직망을 통해 이 땅에 굳건하게 자리 잡았다. 정부가 주도하여 조합원을 모집했고 오랫동안 지역 공동체를 기반으로 설립 유지되어 왔으며 농민을 상대로 막대한 금융 이익을 챙기고 있다. 거기에다 정부의 세금 지원을 비롯하여 각종 정책지원까지 받고 있다. 일부 지역의 농협은 유통과 금융사업에서 한 발 나아가 요식업에서부터 장례, 예식에 이르기까지 직간접적으로 사업을 진행하고 있어 지역경제뿐만 아니라 지역 정치에까지도 막강한 영향력을 발휘하고 있다.

그러나 조합 덩치만 비대해지고 있을 뿐 농협이 조합원에 대하여 실질적으로 제공하는 이익은 전무하다. 특히 지역 농협의 경우, 자본 잠식이 심각한 상태이며 농협조합의 해산과 합병이 계속되고 있다. 나 또한 지역 농협과 지역 신협에 가입되어 있다. 하지만 조합원인 내게 그들이 제공하는 것은 마트에서 적립해주는 마일리지가 전부다. 대출 시 조합원에게 혜택이 있다고는 하지만 현실적으로 그 덕을 보기 어려운 실정이다.

생협이 농협과 같은 길을 가리라는 예단은 섣부른 감이 없지 않다. 생협은 모집 단계에서부터 평탄치 않은 모습을 보이고 있다. 가장 우려가 되는 것은 설립기금에 대한 용도이다. 현재 조합에 가입하려면 설립기금 명목으로 두 당 1만 원의 조합비를 내야 한다. 설립 초기의 조직이 흔히 그렇듯 주최 측은 조합원 모집에 온 노력을 다하는데, 모집원 한 명 당, 많게는 하루 10명의 인원을 모집하도록 요구하고 있다. 이는 실질적으로 불가능한 일이다. 설사 모집인이 어렵게 열 명을 모아온다고 인건비와 급여를 계산하면 그 돈이 조합 설립에 대한 자본으로 쓰이기 힘든 상황이다. 결국 만 원이라는 돈은 조합 설립을 위한 기금이라기보다 모집원의 인건비로 활용되거나 표면적인 요건을 갖추기 위한 법적 요식행위로 쓰인다는 말이다. 결국 생협은 일부 기획자들에 의지하는 구조로 가게 될 것이고 조합원들은 들러리로 전락할 가능성이 농후하다.

생협에서 내세우고 있는 키워드 중 하나가 물가안정이다. 그들은 왜곡된 현행 유통문제에 주목, '산지에서 500원 하는, 심지어는 갈아엎어 버리기도 하는 배추가 왜 서울에 오면 2,000원이 넘는지'에 대하여 질문을 던지고 있다. 그러나 유통이란 것은 그리 단순한 게 아니다. 사람들이 흔히 생각 하듯 산지에서 물건 사다가 적당히, 그들의 주장으로는 과다한 마진을 붙여 도소매상에게 넘기면 끝나는 일이 아니다. 따지고 보면, 바다에 있는 물고기도 공짜고, 산에 있는 산삼도 공짜가 아닌가. 결국 모든 비용은 유통과정에서 발생한다.

급격하게 급등하고 있는 유류대로 볼 때 앞으로 물류비가 더 오를 것이 뻔하다. 그런데도 지금 사회단체들은 마치 산지와 직거래만 하면 물가를 낮출 수 있을 것처럼 이야기하고 있다. 현재 물가를 낮출 수 있는 가장 유력한 통로라면 거대자본의 개입을 들 수 있다. 이미 대형 유통사들은 막강한 자본력을 바탕으로 숙달된 인력과 안정된 조직망을 통해 산지 가격을 지배하고 있다. 거대자본이 동네 슈퍼마켓 사업에 진출하는 모습을 보면서도 생협이 가능하다고 말하는 근거는 무엇인가? 생협이 과연 거대자본과 경쟁해서 그들을 이길 수 있을 것인가?

사회단체가 기대고 있는 것은 단순한 이론이다. 그들은 자신의 주장을 정당화하기 위해 검증되지 않은 이론을 끌어들이는 것도 모자라 외국의 특수한 사례를 보편적인 성공의 예처럼 들고 있다. 그들이 알아야 할 것은 같은 산지, 같은 물건이라 해도 어떤 조직이 유통하느냐에 따라 물류비의 차이가 엄청나다는 사실이다. 규모가 크지 않고는 직거래를 통해 유통마진을 줄일 수 있다는 것은 환상이다.

결국 생협이 대형마트와 경쟁하기 위해서는 그에 맞먹는 막대한 자본과 시설을 갖추어야 한다는 결론에 도달한다. 그러려면 누군가 막대한 자본을 출연하든가 아주 많은 조합원을 모집해야 한다. 예를 들어 3억이라는 자본금을 마련하기 위해서는 10만 원씩 납부할 조합원을 3천 명 모집해야 한다. 지금처럼 1만 원씩 납부한다고 하면 3만 명을 모집해야 한다. 이 정도 조직을 모을 수 있는 힘이라면 그냥 국회로 진출하면 된다.

참고로 휴대폰 가입자를 유치하는 데 통신사에서 1인 유치비용으로 750만 원을 지불했다는 사실을 다시 이야기하고 싶다. 이는 통신사 본사에서 지출한 비용일 뿐 지역 판매조직인 대리점이나 판매점의 마케팅 비용은 계산에 넣지 않은 것이다.

3억이 큰 돈 같지만 겨우 동네슈퍼 하나 차리는 비용밖에 되지 않는다는 사실을 기억했으면 좋겠다. 또한 생협이 내걸고 있는 봉사라는 타이틀이 젊은 인력을 착취하는 또 다른 이름은 아닌지에 대해서도 심각하게 고려해야 할 것이다. 자본은 그냥 투입되지 않는다. 철저한 이해관계 아래에서 움직인다. 자본은 비정한 것이다.

지금 이대로 간다면, 말이 생협이지 일반 슈퍼와 다를 바 없어 보인다. 그냥 잘 짜인 부녀회 활동 정도로 보면 맞을 것이다. 이런 활동이 참여자들에게 보람을 주고 나름 생활에 보탬이 될 수도 있겠지만 혹시나 생협을 돈벌이로 생각하고 섣불리 투자했다가 낭패 보는 사람들이 생긴다면 이는 간단한 문제가 아니다. 현재 유통업은 개인의 상상을 넘을 만큼 진화했다. 지금과 같은 안일한 생각으로는 유통혁신을 이룰 수 없다.

야당에서는 생협을 새로운 경제 활동의 대안으로 내놓고 있다. 어느 날 나는 '나는 꼽사리다'라는 팟캐스트를 듣다가 놀랐다. 마치 중간 유통업자들이 시장 경제를 왜곡하고 있는듯 소비자들이 주체가 되는 생협 활동을 이야기하고 있었다. 하지만 그것은 이론일 뿐이다. 현재 유통업자들은 사실상 노동 근로자로 전락했다. 문제는 판매망이다.

'알뜰주유소'보다 GS포인트가 고객의 마음에 와 닿는다. 안일한 시도로는 대형 판매조직을 가지고 있는 대기업을 이길 수 없다. 생협은 그 규모나 운영형태가 지역성에 머문다. 그런데 왜들 생협을 이야기하고 있는 것일까. 정치적 공약의 환상과 그리고 그 안에서 꼼수를 부리고 있는 장사꾼들의 이해관계가 맞아 떨어지기 때문이다. 이제 우리들은 생협 비리 보도를 수도 없이 듣게 될 것이다.

지주클럽의 힘

지주클럽은 경매 대행업체가 아니다. 회원들과 함께 하는 조합의 성격이 짙다. 그렇다고 조합도 아니다. 나는 기존 공투 조합 자체에 대하여 신뢰하지 않는다. 지주클럽은 함께 투자하는 모임이다. 다만 그 업무 효율을 위하여 대행 회사를 두고 있는 것이다. 그리고 그 대행 회사에 회원들이 주주로써 참여한다.

이것은 앞에서 말한 것처럼 나의 도시락을 먹는 것이지만 보다 좋은 식사를 위하여 반찬을 공유하는 원리다. 지주클럽은 준비해야 할 것이 많다. 절대지분을 가지고 있는 내가 절대책임을 지는 이유이다.

지주클럽은 안전 자산을 적립시키고 있으며 책임과 부채는 대표인 내가 지고 있다. 내가 얻고자 하는 것은 사람이다. 1년에 한 번 나를 반가이 맞아줄 회원 365명을 만나는 것이 목표이다. 현재 3부 능

선은 넘었다.

최근 부산에 경매가 있었는데 최저가 172만8천 원에 입찰자가 두 명이었다. 다행히 우리 회원이 180만 원에 낙찰 받았다. 최저가와 불과 7만2천 원 차이였다. 당시 근소한 차이로 입찰에 떨어진 사람이 그 토지의 이웃주민이었다. 대략 알고 들어온 사람이었다.

소액물건에서의 승부는 쉽지 않다. 누구라도 가볍게 10~20만 원 더 쓰기 때문에 확률을 따지기 힘들다. 결국 그날 분위기에 의지해야 한다. 날이 좀 추웠다. 추운 날은 조금씩 가격을 낮추는 경향이 있다.

같은 날, 포항에 물건이 있었는데 마지막 순간에 입찰을 포기했다. 낙찰 받기 어렵다는 판단이었다. 내려간 김에 좀 높여서 낙찰 받을 수는 있겠지만 생각하는 가격에서 벗어나는 가격으로 받고 싶지는 않았다. '갱상도' 분들이 배포 있게 잘 지르기 때문이기도 했고.

뚜껑을 열어보니 입찰자가 7명. 입찰자가 많은 것에 비하면 낙찰가는 그리 높지 않았지만 이쪽에서 투입할 선수들 중에는 그 정도 금액을 쫓아갈 사람이 없었다.

언젠가 임장 300번에 낙찰 5건 받았다고 말하는 사람의 이야기를 들었다. 그러는 동안 그 사람이 길거리에 깐 돈을 생각해 보니 이건 장난이 아니다. 경매 한답시고 쫓아다니는 이들 중에 도로공사에 천문학적 액수의 돈을 기부한 사람이 적지 않다. 그래서 통상 경매를 대행해주는 업체에서는 낙찰여부를 떠나서 기본 30만 원에 지방 50만 원을 출장요금으로 받는다. 낙찰 시 수수료는 별도다. 하지만 지주클럽은 경매대행업체가 아니기 때문에 170만 원 짜리 땅이라고 해도 좋으면 수고를 아끼지 않고 좇아간다. 이런 사소한 것들이 쌓여 회원은 지주클럽을 신뢰한다. 새로운 사람과 만난다는 것은 내게 설렘이기도 하지만 반면에 두려움을 주기도 하다. 나이를 먹으면 먹을수록 기존의 인간관계도 유지가 어려운데 새로운 인연을 만들고 지키는 일이 부담스러운 것이다. 그런 반면에 내가 이 일을 하면서 좋은 사람들을 많이 만날 수 있다는 것이 행복이라는 생각이 들 때가 있다.

지면과 시간이 허락한다면 모든 회원들에 대하여 소개를 하고 싶을 만큼 소중하지 않은 인연이 없지만 그런 아쉬움을 뒤로 하고 최근 들어 만난 동년배의 '물김치 님'에 대하여 이야기하고자 한다.

어느 날 한 통의 메일을 받았고 통화가 이어졌다. 내가 대전이라고 하니까 자기는 서울에 사는데 저녁에 놀러가도 되겠냐고 했다. 물론 좋다고 했다. 그렇게 해서 내가 운영하는 '지주식당'에서 첫 만남이 이루어졌고 막걸리 잔을 나누게 되었다. 하면 할수록 길어지는 이야기로 결국 물김치 님은 마지막 열차를 놓치게 되었고 동이 틀 때까지 자리가 이어졌다.

그렇게 밤 새워 이야기하고 아침에 해장을 하면서 다시 이야기를 했건만 우리는 헤어짐을 아쉬워했다. 재미있는 것은 이 친구가 강남에서 태어나 강남에서 성장한 토종 강남사람이라는 사실이다. 지방과 서울, 수도권을 넘나들면 성장한 나와는 달라도 너무 다른 사람이었다. 게다가 이 친구는 바른 가정에서 태어나, 바르게 교육 받고, 바르게 성장하여, 하루하루 바르게 살아가는 전형적인 바른생활인이었다. 온갖 반항과, 실패, 역경을 통해 다듬어진 나라는 사람과는 근본적으로 달랐다. 그 친구를 보면 요즘 유행하는 싸이의 '강남스타일' 이라는 노래가 지나치게 강남을 희화화 한 것 같아 오히려 유치하게 느껴질 정도였다.

이 친구와는 이상하게 마음이 맞았고 자주는 못 만나도 한 번 통화하면 서너 시간씩 수화기를 붙잡고 있기 일쑤였다. 아무리 취해도 토론의 열기는 식지 않았다. 때로는 엉뚱한 발상의 이야기가 오가기도 했고, 때로는 감탄할 만큼 좋은 아이디어가 나오기도 했다. 이 친구는 특히 지금의 전원마을을 구성하는 데 있어 많은 조언을 해주었다. 이 친구 하는 일이 아이들 유아교육과 관련한 영어교재 사업이었는데 나름 지명도가 있는 회사의 중책을 맡고 있었기 때문에 내가 소홀히 생각했던 교육부문에 관하여 확실한 동기부여를 제공해 준 것이다.

며칠 동안 밤을 새워 토론하는 것도 모자라 통화하고 메일을 주고받으면서 우리가 얻은 결론은 다른 사람이 아니라 우리 와이프 즉,

젊은 새댁이 가장 좋아하는 집이어야 한다는 것이었다.

그러기 위해서는 교육시설 중 가장 중요한 유아들에 대한 교육시설이 있어야 하는데 이곳에 과연 고급 유치원이나 보육시설이 입점할 시장이 되느냐 하는 문제에 도달했다. 결론은 충분히 가능하다는 것이었다. 먼저 이곳은 처음부터 도시지역으로 설계된 곳이다. 또한 인근 광역시와 인접한 곳이며 다른 면소재지와 달리 인근에 젊은 사람들이 많이 거주한다는 장점이 있었다.

허허벌판 사막에 실내 수영장을 건립하는 것은 이론적으로 가능할지는 몰라도 바보 같은 짓이다. 사막을 지나는 나그네에게는 수영장보다 한 줌의 식수와 목욕물이 필요하다. 독점시장이란 오히려 해변에 실내수영장을 짓는 일이다. 해변이라는 것이 워낙 날씨가 변덕스럽고 또 노약자들에게는 부담스러운 곳이다 보니 그럴 때는 보다 안전한 장소를 찾게 되어 있다. 대부분의 사람들이 여름이면 해변 생각만 하고 그곳에 몰려들지만 일단 실내수영장을 발견하게 되면 오히려 멋진 해변을 배경으로 안전한 곳에서 놀고 싶은 생각을 갖는 것이다. 이처럼 틈새를 노리는 것이 독점적 시장의 특징이다. 알래스카에 냉장고를 파는 일과도 같다. 언뜻 생각하면 말이 안 되지만 분명 실효성이 있다.

우리는 결론적으로 어린이 보육시설이 많고, 주민들의 교육열이 높으며, 인근에 광역시를 둔 이곳이 강남 수준의 교육여건을 조성할 수 있는 시장이라는 확신을 갖게 되었다. 이 일로 우리는 더욱 서로에게 소중한 조언자가 되었다. 내가 강남 친구와 쉽게 감정을 교류할 수 있었던 것은 거주지나 성장과정이 비슷해서가 아니었다. 서로간에 가정을 꾸리고 아이들을 키워나간다는 가장으로서의 입장의 일치였다.

마지막 원고를 정리하고 있는 이 시간 물김치 님에게서 전화가 왔다. 교육사업과 관련하여 해외 출장 중에 휴대폰을 잃어버렸다는 이야기였다. 속으로 어떤 상황인지 그려지기 때문에 웃음이 나지 않을 수 없다. 원인은 ○○회원님이 제공했고 결과는 물김치 님이 만들었다는 사실도 짐작이 가는 바이다. 혼자 술 마시러 간다고 자랑하더니만……

난 술을 좋아한다. 하지만 나에게는 원칙이 있다. 절대로 아침에 일어나서 후회하지 않아야 한다. 지갑을 열어봐서도 후회가 없어야하고 함께 술 먹은 사람과도 후회가 없어야 한다. 물론 가끔 나도 실수를 한다. 그래서 좋은 사람과 술을 먹어야 그런 실수를 덮어줄 수 있다. 그래서 난 지주클럽 회원들과의 술자리를 좋아한다.

전원 호스피스텔

몇 년 전의 일이다. 길을 가다 우연히 초등학교 6학년 때 담임선생님을 만났다. 시골 학교다 보니 사제지간 정이 도시보다는 끈끈하다. 그 사이 연세가 더 들어 머리가 반백이 되셨다.

"어, 한영이 잘 지냈냐? 그래 요즘에는 뭐하냐?"

"생선도 팔고 경매도 하고 그렇게 지냅니다."

"고향에서 네 얼굴을 보니 좋다. 요즘 시골을 보면 젊은이는 온데간데없고 죄 늙은이투성이다. 정책 자체가 지방을 고려장 터로 만드는 것 같아. 늙으면 내려가는 데가 시골인 줄 아나?"

선생님의 말씀은 시사하는 바가 컸다. 다들 시골은 희망이 없다고 생각한다. 도농 교류를 하네, 귀농을 장려하네, 정착금을 주네 해도 결국은 노인들 불러들이기다. 제대로 된 학교를 지어주기를 하나, 젊은이들 갈만한 편의시설이 있기를 하나. 외국에는 지방에도 유명한 대학이 많다더만 우리는 지방대라고 하면 무슨 떨거지들 처리하는 곳으로 안다. 정책 자체가 지방에는 관심이 없는 것이다.

요즘 전국적으로 유행하는 전원마을이라고 하는 것도 결국 잘 지은 고려장 터에 불과하다. 그곳에 무슨 편의시설이 있기를 하나? 노인들 소일거리 삼을 텃밭이나 널려 있지. 젊은이들이 호젓한 삶을 좋아한다고 가로등 하나 없는 산 속 깜깜절벽으로 찾아 들어갈 거라고 생각하면 오산이다. 어떻게 꾀어서 젊은 부부를 유입한다고 하자. 여자들이 가장 싫어하는 게 벌레다. 도시의 밤은 온통 환해서 벌레들이 특별히 불 가까이 모이지 않는다. 하지만 시골은 안 그렇다. 거실에 불을 밝히는 순간 까맣게 날벌레 떼가 득달같이 달려들 것이다. 새댁은 기함을 할 것이고 당장 다음 날로 보따리를 쌀 거다.

다시 강남 이야기를 해 보자. 강남에는 다양한 편의시설이 존재한다. 놀기 좋은 곳도 있고 쇼핑하기 좋은 곳도 있고 유명한 병원이 있다. 하지만 사람들이 강남을 가장 좋아하는 이유는 훌륭한 교육여건을 갖추었기 때문이다. 결국 좋은 땅이란 가임 여성들(젊은 새댁)이 선호하는 조건을 갖춘 곳이다. 우리의 DNA는 자식을 생산하고 양육하기에 유리한 곳을 찾게 되어 있다. 그런 조건이 자기 자신, 자식의 삶을 영속시키기도 하지만 한 마을, 나아가 종족과 인류를 지켜내는 일이기 때문이다.

이런 관점에서 볼 때 우리가 알고 있는 현재의 전원마을들은 노인들을 위한 호스피스 마을에 지나지 않는다. 생명력 없는 마을은 연극무대의 세트와 같다. 한바탕 공연이 끝나면 철거되어 버려지거나 어느 창고 컴컴한 귀퉁이를 차지하게 될 뿐이다. 그런 걸 알면서도 왜 전원마을은 자꾸 노령화가 되어 가는 걸까? 이유는 간단하다. 현재의 전원마을 조성하는 사람들의 생각이 낡았기 때문이다.

실제로도 우리나라 50, 60대들은 콤플렉스에 시달리고 있다. 자신들의 고생에 대한 보상을 받지 못했기 때문에 어떻게든 누려야 한다는 강박에 시달린다. 기어이 '저 푸른 초원 위에 그림 같은 집을 짓고' 한가롭고 유유자적한 생활을 해야만 한다는 생각을 하는 것이다. 한때 대한민국에 피아노 한 대 없는 집이 없고 체르니 20번까지 안 쳐 본 아이가 없던 시절과 같은 맥락이다.

전원마을을 기획하고 꾸미는 사람들이 보다 참신한 대안을 마련하지 못한다면 정책은 표류 끝에 침몰하고 말 것이다. 본인들이야 비아그라 먹고, 좋은 것으로 몸보신하면서 젊은이보다 더 열정적인 사랑을 할 수도 있고 젊은이들보다 더 활발히 사회적인 활동을 할 수 있을지 몰라도 최소한 새롭게 임신을 하거나 아이를 키울 수는 없다. 어느 마을이 아이가 태어나지 않고도 유지될 수 있단 말인가?

세대간 어울림이 없고, 생명이 자연스레 순환되지 않고, 노인들이 떠난 자리에 또 다른 노인들이 들어오는 곳을 우리는 '호스피스텔'이라 부른다.

  기존의 전원마을이란 게 늙은이들이 주체가 되어 제안되고 설계되다 보니 미래의 희망이 없었다. 그저 풍수 이야기나 하고 물 좋고 공기 좋다는 이야기나 하고 앉아 있는 모습에 회의를 느끼고 있었는데 물김치 님과의 토론 덕에 나는 내가 꾸미려는 전원마을이 '젊은이들이 살 수 있는 곳'이라는 것에 확신을 가졌다.

  현재 지주클럽에서 진행하고 있는 전원마을의 목표는 강남의 젊은 새댁들이 오고 싶어 하는 곳이다. 이 글을 읽는 분은 오해 없기 바란다. 이는 강남으로 분류되는 특권층을 겨냥해서 하는 말이 아니다. 왜 사람들이 강남을 좋아하는지, 강남에 살고자 하며, 강남의 땅값이 그렇게 비싼가의 근본적 이유를 따져 좋은 점만 흡수하자는 것이다. 강남의 장점은 젊은 새댁이 가장 살고 싶어 하는 여건을 갖췄다는 것이다. 동물이나 사람이나 삶에서 가장 중요한 것은 후손 번식이다. 그러기 위해서 수컷은 최대한 암컷이 요구하는 상황에 맞추어 생활기반을 꾸리는 것이요 암컷은 그 바탕 위에서 자식을 안전하게 키우는 데 최선을 다하는 것이다.

  사람들이 살기 원하는 곳과 아이를 키우는 여자가 좋아하는 곳은 일치한다. 그런 조건에 부합하기 위해서는 안전 및 편의성과 더불어 교육여건이 갖추어져야 한다. 현재 대한민국에서 진행되는 모든 전원마을은 그냥 공기 좋은 시골 골짜기에 토종닭이나 키우면서 먹고 살자는 의미밖에 지니고 있지 않다.

그들이 제공하는 사진을 보면 멋진 정원과 테라스를 배경으로 송아지 새끼마냥 큰 개와 잔디밭에서 뒹구는 사람들이 주로 등장한다. 볼 때는 좋아 보이지만 막상 시골에 들어가 살아보라. 아무도 찾아오지도 않는 곳에 잔디밭을 가꾸고 꽃밭을 만들면 무슨 소용인가.

초등학교 6학년 첫 수업에 담임이셨던 오한문 선생님께서는 칠판에 '열스깨'라는 석 자를 크게 쓰셨다. 그것이 선생님과이 첫만남이었다. 항상 **열**심히 해야 하며 **스**스로 해야 하며 **깨**끗이 해야 한다는 말씀이셨다.

따로 찾아뵙지는 못했지만 길에서 선생님을 뵐 수 있어 다행입니다. 치과 치료는 끝나셨는지요. 곧 한 번 찾아뵙겠습니다.

[시골일까 도시일까]

전원마을과 전원도시. 마을과 도시라, 어떤 차이점이 있을까. 일
단 규모 면에서 도시가 더 클 것 같다. 그러나 단순히 크기가 크다고
전원도시라고 하지는 않는다. 도시라고 하면 무엇보다 '도시가스'
가 들어와야 하지 않을까? 도시가스라는 이름 자체에 '도시'가 들어
있으니 명백히 도시가스가 들어가면 도시이다. 전원이지만 삶의 편
의성 면에서 도시생활과 비슷한 수준으로 누릴 수 있는 곳이 전원도
시다.

그러면 전원마을에는 도시가스가 안 들어가는 걸까? 다 확인을
한 건 아니지만 안 들어갈 확률이 높다. 산골 오지까지 전기선 끌어
오기도 힘든데 도시가스까지 들이는 것은 무리일 것이다. 사실 내가
사는 영동, 본가가 있는 옥천 모두 도시가스가 안 들어온다.

도시에 살던 사람이 도시가스 없이 살려니 굉장히 불편하다. 프로

판가스를 쓰니 비용도 많이 든다. 하지만 전원마을은 나름대로 장점이 있다. 지자체에서 지원금 혜택을 준다. 자연스럽게 형성된 마을이 아니라 산속에 공터 닦고 길 닦아 인위적으로 형성한 마을이다 보니 부족한 게 많다. 이것저것 설치하고 살라고 호당 5천만 원에 이르기까지 비용을 대주는 것이다.

편의성을 생각하면 전원도시에서 살고 싶고, 지원금 생각을 하면 전원마을도 탐이 난다. 소비자 입장에서 두 마리 토끼를 잡을 방법은 없는 건가 고민하게 된다. 그런데 있다. 그런 곳이 우리나라에 있다. 지주클럽에서 8년간 기획해 온 곳이 바로 그곳이다. 지주클럽은 아직 2년이 되지 않은 법인이다. 하지만 나는 8년 전부터 마음에 두고 있었고 수시로 이곳을 갔기 때문에 이렇게 말할 수 있는 것이다. 그곳의 정확한 위치를 밝힐 수 없는 것은 그것이야말로 진짜 알짜배기 정보기 때문이다.

입회비 내고 다음 카페 '지주클럽'에 가입한 사람에 한해 가르쳐 준다. 입회비 엄청 세다. 500만 원이다. 지주클럽에 대한 신뢰비용이다. 이건 누가 갖는 게 아니라 첫 계약 시 땅으로 되돌려주는 돈이다. 이렇게 해서 모인 우리 회원이 백여 명이다. 나는 물건이 나올 때마다 이들에게 정보를 공개한다. 그렇게 해서 나랑 인연 맺은 지 3년 만에 이 분들 땅부자됐다.

혹자는 묻는다. 그렇게 좋은 정보 혼자 갖지, 왜 나누느냐고. 내가 이건희도 아니고 몇 억짜리 땅을 어떻게 혼자 사냔 말이다. 여럿이 나누어 사는 것이다. 그들에게 땅 사라고 해놓고 나만 안 산 적 한 번도 없다. 사실 내가 제일 많이 산다. 이것이 일반 '사기성 공투'와 다른 점이다. 다른 공투는 관리인이 투자는 안 하고 소개 알선만 한 다. 부동산과 다를 바가 없는 것이다.

말이 나온 김에 이곳 전원도시를 닮은 '전원마을'에 대해 좀 더 이 야기를 해보자. 이곳은 원래 20년 전부터 도시개발지로 예정되어 있 었던 곳이다. 개발 소식이 들리자 20년 전 도시 사람들이 와 몰려들 어 땅을 샀다. 그때 가격이 평당25만 원이었다. 신라면이 200원이던 시절이었다. 하지만 워낙 쪼가리로 나눠 산 데다 전국방방곡곡에 땅 주인이 흩어져 있다 보니 연락도 잘 안 된다. 아랫마을은 예정대로 개발이 진행되어 20년 전부터 병원도 생기고, 학교도 생기고, 피자 집도 생겼는데 윗마을만 개발이 미루어졌다.

누가 주체가 되어 밀어 붙여야 하는데 언젠가 개발 되겠지, 제각 기 하세월 보내면서 20년이 흐른 것이다. 그곳이 여전히 산기슭으로 남은 이유다. 그곳을 우리 지주클럽에서 거의 반 사들였다. 산지사 방에 흩어져 있는 지주 찾아가 땅 사느라 고생 많이 했다. 그 이야기 는 나중에 하기로 하고 원래 이야기로 돌아가자.

현재 지주클럽에서 조성하려는 전원마을은 6만 평 부지에 총 200 세대 규모다. 기존 전원마을이 기껏해야 1만 평 부지에 50~60세대 모집한 것을 감안하면 굉장히 큰 규모다. 말했듯이 주부가 행복하지 않으면 좋은 동네가 아니다. 주부는 아침에 일어나 아이 유치원에 보낸 뒤, 아메리카노를 한 잔 마시고 청소를 시작한다. 청소가 끝나면 인근 헬스클럽으로 운동을 하러 간다. 운동이 끝나면 근처 은행에서 돈을 찾아 마트에 들른다. 아이들 간식거리를 챙겨들고 집에 오면 유치원 차가 집 앞에 와 있다.

아이 간식 먹인 후 함께 문화센터에 가서 악기를 배운다. 그런 뒤 집에 와 저녁준비를 한다. 그런데 남편이 결혼기념일이라며 외식을 하자고 한다. 온 식구가 인근 페밀리 레스토랑으로 식사를 하러 간다. 오는 길에 남편이 쇼핑센터에 들러 스웨터를 하나 골라준다. 선물을 받아들고 오는 길에 커피 전문점에 들러 아이에게는 아이스크림을 사주고 부부는 카페인이 적은 더치커피를 시켜 먹는다.

"자기, 내일 출장 가지? 빨리 들어가서 자야겠다."

"괜찮아. KTX 역이 바로 옆인데 뭐."

직선거리로 15km 위치에 KTX 역이 있고 공항이 있는 전원마을 이라니 놀랍지 않은가. 지자체에서 지원비 나와도 따로 쓸 데가 없다. 도시생활의 편의성을 이미 다 갖췄으니. 말이 전원마을이지 도시생활과 다른 점이 무엇인가. 게다가 바로 300미터 옆에 천억 원대의 공사비를 들여 지자체에서 공원을 짓고 있다. 놀이터도 다 있고 산책로도 다 있다.

내 생각은 이렇다. 원래 전원마을을 구성하려면 놀이터나 마을회관부터 짓는다. 그런 거 지으라고 거액(100호 이상 30억 원)을 지원하는 것 아닌가. 하지만 이곳에는 그런 부대시설을 따로 지을 필요가 없다. 이미 다 있으니까 그 돈으로 다른 것, 고급스러운 교육시설을 짓자는 것이다. 지방의 취약성이라면 뭐니뭐니해도 교육문제다. 그것을 우리가 해결하자는 것이다.

나라에서 안 해준다고 우리가 못할쏘냐. 안 그래도 요새 대안학교가 특권층의 전유물처럼 되어 가고 있다. 획일적인 교육의 병폐를 알기 때문에 애들을 비싼 돈 들여 대안학교에 보내는 것 아닌가. 여기서는 그냥 세우기만 하면 그 자체로 대안학교다. 적은 수의 아이들을 상대로 질 좋은 교육을 베푸는 곳이 대안학교이기 때문이다. 그 기회를 우리가 만들자는 것이다.

그래서 부모님이 먼저 이곳에 자리 잡고 살고 있으면 며느리, 딸이 들렀다가 "어머니, 우리도 여기 와서 살래요!" 이런 말이 나오는 곳으로 만들어야 한다. 그래야 하는 거 아닌가.

따라 내려오지 못한다고 해도 최소한 며느리, 딸이 방문하고 싶어 하는 시댁, 처가가 되어야 한다. 손주가 오면 피자도 시켜주고, 극장에서 최신 애니메이션도 구경시켜주어야 한다. 나아가 아이들이 집에 안 가겠다고 떼를 써야 한다.

나의 본가는 충북 옥천이다. 그리고 출생지는 서울 상계동이다. 하지만 나의 어린 시절 기억은 과천에서 동네 형들 따라 다니면서 개구리 뒷다리를 구워먹던 경험이 대부분이다.

그래서 난 옥천 못지않게 과천에서의 추억이 많다. 나무를 옮겨심기 위해서는 땅이 기름져야 하는 것도 중요하지만 중요한 것은 고목을 옮겨 심어서는 안 된다는 것이다. 묘목을 옮겨 심어야 하는 것이다. 아이들이 묘목이라면 그 묘목을 심으러 가는 사람은 젊은 새댁이다. 그래야 마을이 형성되고 전통이 세워지는 것이다.

옥천 일원은 묘목의 주산지이다. 해마다 묘목 축제를 한다. 지금 지주클럽에서는 회원들과 함께 투자한 산에 해마다 묘목을 심는다.

[그냥준회원 이야기]

이런 날도 있다. 카페 채팅방에서 회원과 대화를 나누다보면 시간 가는 줄 모른다. 필 받으면 서로 '밤을 잊은 그대'가 되기도 한다.

이 날의 대화는 상당히 길어서 다 옮길 수가 없다. 대충 건너뛰면서 밤을 잊은 두 남자의 웹수다를 옮겨 본다.

그냥준회원(이하 🥚) : 안녕하세요?

생선장사(이하 🐟) : 안녕하세요? 카페지기입니다. '파란'부터 보셨다고요?

🥚 네, ^^ 어제도 서점에서 책 읽었습니다. 조기 고르는 법 ㅎㅎ

🐟 아니, 책을 구입하지 않고요?

🥚 지나가다가 서점 들러서 봤어요.

🐟 주소 보내주시는 분들에게 친필서명? 쫌 쪽팔리지만, 보내드리

고 있습니다.

비 피해는 없으신지요.

요즘, 장에 나가지 않아서요. 뭐 비가 오는지 안 오는지…….

새 책은 거의 마무리 단계인가 보네요.

아, 예. 마무리가 쉽지 않네요. 주제 넘는 짓을 하다 보니…….

기대됩니다. 좀 더 심층적으로 다루실 거 같아서…….

마음만 앞서고 있습니다. 다행히 첫 번째 책이 아직 욕은 먹지 않고 있는데……. 사실, 꼼수는 따로 있어요.

음, 법인 키우시는 거요?

법인은 사실 형식적이고 조합으로 가려고 합니다. 지주조합! 경매하면서 매번 느끼는 것이지만 힘 없는 개미들은 항상 당하기만 하는 구조입니다.

조합……. 음, 새로운 시도네요.

점점 독점이 심해져서 이제는 개인들은 아파트 청약이나 하고 아파트 브랜드나 따지는 신세죠. 우리 언제 통화했었죠?

아, 지난 달인가요?

실명이 어떻게 되시나요?

방○○입니다. 얼릉 정회원이 되어야 하는데……. 어째 자금 마련이 쉽지 않네요. ;;

얼릉, 술 사면……. 임시 가능합니다. 임시 상태로 1년을 넘긴

분들도 있습니다.

🦪 유리통장이라 입출금이 레이더망에 걸리거든요.;;

🐟 처음이 어렵습니다. 그리고 땅은 이혼할 것 아니면 부부가 함께 상담하는 것이 좋습니다.

🦪 그러게요. 설득을 하자니 아파트만 보고 있고…….

🐟 아파트는 지금이 기회인데……. 사실은 땅이 더 빨라요. 아파트보다. 그럼 물어보시죠. 아파트 상담은 돈 받지 않아요. 뭐. 재미도 없고…….

🦪 아, 지금은 아니고요. 지난달부터 경매물건이 많아지기에 흐름만 눈여겨보고 있습니다.

🐟 대출에는 동기를 만들어야 합니다. 행복한 동기. 마치 우리가 아이를 키우는 것처럼 말입니다. 간혹 오해를 삽니다. 아파트는 취급을 안 하는 줄 알고…….

🦪 다음에 아파트임대사업에 관한 카페 있던데 아시나요? 소형아파트 모아서 나중에 전세금 오르면 대출금 상환해서 계속 사 모으는…….

🐟 아파트임대사업 카페요? ㅎㅎㅎ 솔직히…… 그냥 웃죠. LH가 임대사업에 적자입니다. 갸들보다 뛰어날 수 있나요?

🦪 근데 생각해보니 엄청 후달릴 것 같더라고요. 다 전세 끼고 사는 거라…….

🐟 청바지 이야기처럼 삥 먹는 놈만 버는 것입니다.

😊 그럴 거 같아요. 게다가 전부 다 지방이고…….

🐟 지금은 지방에 투자하면 안 됩니다. 지금은 '서울'입니다.

😊 그리고 거기 보면 등록비 기타 비용해서 거의 7~800은 떼는 거 같더라고요. 컨설팅비 이런 것 해서 작게는 500은 떼는 듯.

🐟 한 사람 꾀는 비용이 1,500만 원 들어갑니다. 제가 계산해 보니까…….

😊 아……. 28평 남향 5층 특급매물―총 투자금 융자 없이 약 2,020만 원, 강력추천매가 10,600만원 , 전세 1억 원(신규가능) 600+등기비/컨설팅료+수리비(500), 뭐 이런 식으로 보내요

🐟 휴~~

😊 그래서 총 투자금 2,020만 원이라고.

🐟 지방에 전세 1억요? 웃기는 계산이지요. 개인 빚은요? 이자는 지들이 냅니까?

😊 예. 수도권인지 지방인지 정확히는 안 가르쳐줘요.

🐟 그리고 지금은 DTI 때문에 개인부채 한 번 발생하면 점점 신용 등급 낮아지고 이자율 높아집니다.

😊 그러니까요. 상승기 때나 좀 써먹힐 방법인 거 같은데 집값이 떨어지니까.

🐟 상승기 없었습니다. 다 숫자 장난입니다. 개인 매도·매수 시에

비용이 상대적으로 많이 발생하기 때문에, 사실 없습니다. 마치 외화가지고 환투기가 개인이 가능하다고 떠드는 것이지요. 지금은 수도권이 확연히 좋습니다.

급매물 갖고 빨리 사라고 하면서 지난번에 보니까 무슨 블루마블 같은 주사위게임 만들었더라고요. 아이들 투자 교육시키는 데 좋다고 요즘은 그거 판매하나 봐요.

결국 고스톱 가르치고 자기들 노름판에 끌어 들이려는 수법이지요. 수도권 아파트를 고르실 때는 기준이 중요합니다. 우유를 생각해 보세요. 유통기한이 하루 남은 우유를 오늘 반값 세일합니다.

그런데 다른 사람들은 컨설팅비용에 대해 별 생각이 없나 봐요. 저는 진짜 크게 느꼈거든요.

저희는 컨설팅비용 더 받습니다. 다만 아파트는 거의 받지 않아요. 경매 참여 비용은 아예 받지도 않습니다.

900+등기비/컨설팅료+수리비 .100, 총 투자금 약 1,750만 원. 뭐 이렇게 받아요.

그래서 직접 경매들을 배우려고 하는 것이지요.

근데 컨설팅비용이라고 해봤자 지방 부동산 사무실에서 전화받고서 연결만 해주는 거 같더라고요.

우리는 이렇게 합니다. 경매 낙찰 받고, 모든 비용 정산하고, 입찰자가 취소하면 지주클럽이 보증금에 대하여 책임을 집니다. 이렇게 하는 이유가 사실 낙찰 받고 한 달 정도는 고민을 해야 올바른 결정을 할 수가 있기 때문입니다.

🙂 네, 그렇게만 하면 아주 이상적이죠.

🐟 그래서 정회원만 갑니다.

🙂 http://cafe.daum.net/○○○○○○○ 이 카페에요. 게임 만들었다고…….

🐟 ????

🙂 그러니까 카페지기는 한 명인데 카페는 여러 개라는 얘기죠. 하나는 소형아파트임대, 하나는 보드게임.

🐟 뭐 하자는 거죠?

🙂 아이들한테 어려서부터 투자에 대한 생각을 일깨우겠다고……. 블루마블 비슷하게 게임을 만든 거죠.

🐟 아이들은 투자를 배워야 하는 것이 아니지요. 인내력을 배워야 하지요. 왜 살아야 하는지.

🙂 예. 저도 부동산에 대한 여러 책 보면서 이래저래 생각이 많아지더라고요.

🐟 아직 부동산과 관련하여 단 한 권의 올바른 책을 보지 못했습니다.

🙂 생선장수님 책은 굉장히 희귀하죠. 어느 부동산 전문가도 말하지 않는 비밀을 알려주시니.

🐟 요점은 이렇습니다. 그들은 '갑'인 입장에서 떠들고 있습니다. 하지만 우리는 부동산에서는 소비자인 '을'입니다. 그래서 봐야 결국은 그들의 홍보용 자료를 보는 것이지요.

🪨 전에 아파트 공화국인가하는 책. 그 이후로 쇼킹이었습니다.

🐟 그것도 사실 꼼수가 있지요. 아파트 말고 다른 것을 팔기 위한 수단. 저도 봤습니다. 대안 없는 문제는 또 다른 혼란만 소비자에게 주는 것입니다.

🪨 그렇죠. 그 이후로 땅콩주택이니 전원주택이 조명을 받았죠.

🐟 대학시절, 참 많이 봤습니다. 책이나 잡지, 정보지들. 바보 같았습니다.

🪨 맞습니다. 아파트 버릴 수는 없지요. 어떤 경매하시던 분은 서울에 빌라만 갖고 있는 분도 있던데. 책 제목이 100억이 된 청소부던가?

🐟 제가 본 것이 정보가 아니라 그들의 홍보자료라는 것을 나이가 30살이 되어서 알았지요. 사기지요.

🪨 빨리 깨달으셨네요. 전 뒤늦게 관심을 가져서……. 부동산에 대해 관심 갖게 된 게 사실 몇 년 안 돼요.

🐟 부동산은 가족에 대한 사랑입니다. 그냥 주식투자와 다릅니다.

🪨 3년 정도나 됐나. 그냥 나랑 상관없다고만 생각했는데 그게 아니더라고요.

🐟 그냥 간만 보던 분들이나 친인척 지인들이 꼭 일 터지고 나서 물어보죠.

🙂 지난번 오피스텔은 안 하길 잘한 거 같더라고요. 역시 공부 안 하면 안 된다는 걸 느꼈습니다.

🐟 꼭 그렇게 하세요. 컨설팅 비용이라는 것이 때로는 캔커피 한 잔으로도 가는 것 아닌가요? 제가 정회원 요건을 강화하는 것은 딱 하나입니다. 공짜라면 꼭 엉뚱한 사람들이 와서 자리를 먼저 차지하거든요. 컨설팅 비용은 만족할 만큼이 아니라 주는 사람이 미안할 만큼 받을 때 기쁘죠.

🙂 요즘에 월세에 관한 책이 나왔던데. 사람들이 혹하는 내용이 '월세 놓으면 월세 받아 이자 주고도 남는 장사다.' 여기에 빠져드는 거 같더라고요.

🐟 대한민국은 사기꾼을 '사기꾼' 이라고 하면 걸려 들어갑니다.

🙂 아까 언급한 소형아파트 임대 카페지기랑 너무 비슷해서…….

🐟 그래서 회원 수 늘어나면 전속 변호사를 고용할 생각입니다. ㅎㅎㅎ 갸들 거의 계보가 한 패거리입니다. 출판사, 대학교 등…….

🙂 그 많은 아파트 관리하는 건 다 중개소 사무실이랑 연락해야 되는 거고 일일이 관리 맡기는 것도 힘들 거 같은데…….

🐟 별로 관리할 것 없습니다. 부동산이란 것이 의외로 할 일이 없습니다. 제가 지금까지 낙찰 받아 준 모든 회원들의 토지나 집에 대

하여 하나도 빠지지 않고 관리하고 있습니다. 웬만하면 전화통화로 끝나는 것이 대부분입니다.

그런가요. 그렇게 주인이 멀리 떨어져 있으면 업자들이 주인 몰래 단기임대 놓고 그런다고 들어서요.

처음에 누구를 만나냐가 중요하지요. 저희가 공투를 하는 이유가 거기에 있습니다. 소위 보증금입니다.

그렇군요. 생선장수님 믿쑵니다. ㅎㅎㅎ

사기꾼들의 기본은 가까운 가족부터 등쳐먹는 것입니다. 그러고서 다른 사람들을 모집하죠. 지금 저의 가장 큰 재산은 좋은 사람들을 만났고 계속 만날 수 있는 것이 정말 행복하고 좋습니다.

예. 부동산에 일찍 관심 안 둔 게 후회되지만 지금이라도 열심히 배우려고요.

전원마을 할 때 3억이라는 돈, 영수증 한 장 없이 회원 분들이 도와 주셔서 계약금 준비해서 시작했습니다.

예. 저 역시 이것저것 알아보다가 생선장수 님을 만났으니 행운이죠.

행복한 일을 할 수 있는 제가 가장 복 받은 놈이지요. 업으로 하는 입장에서 투자가 쉬우면 좋겠지만 그보다 인연을 하나 더 만들었다는 것이 흥분되게 하고 저에게 힘을 주지요. 그래서 만날 기회가 있으면…….

🐟 예. 나도 영광입니다.

🐟 가끔 영업처럼 보이지 않을까. 두렵기도 하고 망설여지고 하지만…….

🐟 영업 같다는 생각은 별로 안 들던데요. 글을 많이 읽어서 그런지 몰라도. ㅎㅎ

🐟 말 몇 마디로 사랑을 전달할 수 없듯이 진리는 시간입니다. 회원 분들 하나 하나 관계를 지속할 수 있도록 최선을 다하고 있습니다. 그리고 부동산은 사기꾼이 많은 것이 아니라 거의 모두 사기꾼입니다. 잘 되면 자기 덕이고 못되면 모른 척 하는 것이 그들의 수법이지요. 그러면서 그들은 상도덕이라고 하면서 자기들끼리의 교류를 강조합니다. 부동산의 공통점이 있습니다. 인근 부동산에 문의를 하라고 합니다. 개소리지요. 제가 이러는 건 애국도 아니고 세계인류애도 아닙니다. 그 만큼 저는 그릇이 크지도 못하고 그런 인물이 될 수도 없습니다. 그냥 내가 좋아하는 사람, 내가 알고 있는 사람과 이 이승에서 하루라도 더 살고 싶은 것입니다. 가장 큰 진리는 우리에게 죽음이 있다는 것입니다.

🐟 제가 철모르고 시간 낭비한 게 부끄러워지는군요.

🐟 부모가 자식에게 주는 가장 큰 자산은 아파트가 아닙니다. 조금 더 일찍 만나서 조금 더 함께 해주는 것입니다. 그래서 결혼도 하지 않고 경매해서 돈 벌었다는 사람 보면 웃깁니다.

🍪 아 그 39세. 그 사람 사기꾼이라고 파다하던데요. ㅎㅎㅎ

🐟 아. 또 27살짜리도 있지요. 아휴, 제가 수다가 많아서 너무 오랫동안 붙들고 있었네요.

🍪 그렇군요. 그거는 못 봤습니다.

🐟 요즘 떠들지를 못해서. 언제 불러주세요 아니면 오시던지…….

🍪 말씀 잘 들었습니다. 비오는 날 특강 잘 들었습니다. ㅎㅎㅎ

에구구, 허리 당기고 눈이 저절로 껌뻑거린다. 이러다 누가 취미를 물으면 '수다'라고 답해야 할지도 모르겠지만 흰님들과의 대화는 언제나 즐겁다.

[내 친구 생선장수]

    사람 이야기를 하다 보니 특별한 친구 한 명이 생각난다. 나는 정확하게 10년 6개월 동안 난전에서 칼을 들고 장돌뱅이 생활을 했다. 생선장사란 게 겉보기에는 자유스러워보여도 일반 사회처럼 조직화되어 있어 그냥 좀 지저분하고 조금 힘든 업무를 수행하는 월급쟁이와 다를 바 없다. 그렇기 때문에 손으로는 기계적으로 생선비늘을 긁으면서 머리로는 땅에 대하여 고민할 수 있었는지도 모른다.

    나도 생선장수지만 또 다른 생선장수 친구가 있어 소개하고자 한다. 이 친구와의 인연은 고등학교 때로 거슬러 올라간다. 반에서 처음 본 중간고사에서 1등을 했던 친구가 기말고사 때 시골 할아버지네 모를 심어야 한다고 하면서 중간에 시험을 포기하고 조퇴하는 것을 보았을 때 참 대단한 친구구나 싶었다.

    삼형제가 어려서부터 조부모님 슬하에서 자랐는데 천성이 근면

하고 성실했기 때문에 그는 항상 모범적인 모습을 보였다. 하지만 집안형편 때문에 학업과 생활에 어려움을 겪었고 군대를 제대하고도 확실한 직업을 구하지 못했다. 그런 그에게 생선장사를 하는 것이 어떻겠냐고 처음 권했던 사람이 나였다.

이 친구는 나름 생각하더니 생선장사를 하기로 결심을 굳혔고 남의 밑에서 생선을 배운 뒤 나중에는 독립하게 되었다. 이 친구가 독립한 가게는 충남 공주시에 있는 한 마트로써 2002년에 내가 부모님 밑에서 독립하여 처음 장사를 시작한 곳이기도 하다.

당시 나는 충북 옥천에서 공주까지 왕복 150킬로미터의 거리를 출퇴근하고 있었다. 실패하면 안 된다는 욕심에 열심히 매달렸건만 1년 6개월 장사를 하는 동안 빚만 늘어났고 몸은 피골이 상접할 정도로 말랐다. 사정이 그러하니 계룡대에서 장교로 근무하는 아내와 만날 때마다 싸웠으며 더 이상 장사를 하지 말 것을 종용하는 부모님과의 마찰도 심해져 드디어 이 친구에게 가게를 넘기게 되었다.

이 친구가 처음 가게를 인수하고 장사가 잘된 것은 아니었다. 고아처럼 혼자 힘으로 살아온 친구다 보니 정에 항상 약했고 그러다 보니 몇 번의 사기를 당해 그동안 벌었던 돈마저 날리게 되는 상황에 몰렸다.

하지만 이 친구는 그로부터 10년 동안 무섭게 돈을 벌었고 3억이라는 예금증서를 나에게 보여 주면서 이제는 결혼을 해야겠다는 말도 꺼냈다. 나는 그런 그에게 참 대단하다고 칭찬을 아끼지 않았다. 처음 그의 방을 찾아갔을 때가 생각난다. 기본 살림살이조차 없는 방에는 온통 자기의 다짐과 꿈, 그리고 의지를 실천하기 위한 방법들이 무당집이 아닌가 싶을 정도로 덕지덕지 붙어 있었다.

그 친구가 매달 300만 원 이상의 돈을 모으기 위하여 얼마나 악착같이 살았는가를 생각할 때마다 나의 안일함이 부끄러워졌다. 생선장사 일이라는 것이 새벽에 나가서 밤늦게 돌아올 때까지 자유롭게 컴퓨터를 하거나 남들과 밥을 먹거나 차 한 잔 마시면서 수다를 떨 수 있는 직업이 아니다. 남들보다 좋은 물건을 사기 위해서 새벽 같이 수산물 시장에 나가야 하고, 생물을 다루다 보니 눈이 오나 비가오나 장사를 거를 수 없다. 일이 끝나면 몸은 지치고 몸에는 생선냄새가 진동을 하는데 샤워를 하고 옷을 갈아입어도 냄새가 가시지 않는다. 그러다 보니 사람을 만나는 것조차 피하게 된다. 그저 눈뜨면 일하고 눈 감으면 잠을 자고 머릿속에서는 온통 장사 생각만 해야하는 일이다. 말이 장사지 혼자서 300만 원 이상의 돈을 저축하려면 감옥생활과 같은 중노동에 시달려야 한다.

문제는 이 친구가 성공을 하기는 했지만 완전한 성공은 아니라는 것이다. 많은 사람들은 이 친구가 가지고 있는 통장이 부럽겠지만 이 친구는 돈을 버는 데 올인하느라 미처 가정을 꾸리지 못했다. 나이 들어서 그 일을 수행해야 한다. 그 일은 단순히 돈을 버는 일과 다르다. 또 다른 어려움이 있다.

내가 본 주위의 생선장수들은 금전적으로는 성공해도 가정사에서 많은 문제점을 노출하고 있다. 가족과 보내는 시간이 적다 보니 부부문제나 자녀들 교육문제가 빈번히 발생한다. 내 부모님도 이런 생활을 하셨던 분들이다. 할아버지의 사업 실패 이후, 부모님은 가난에서 벗어나기 위해 필사적으로 발버둥을 쳤다. 그들이 보낸 시간은 누가 보상해줄 수 있는 성질의 것이 아니다. 그에 대한 보상은 오로지 가족을 지켰다는 자기만족 그것 하나다.

이 친구가 내게 생선가게를 인계받기 전에 잠시 자동차 범칙금을 내주는 다단계 업체 활동을 한 적이 있었다. 양복을 멋지게 차려 입고 와서는 그 동안 자기가 바보처럼 살았다는 이야기를 했다. 생선장사 했던 일을 후회하며 내게 열심히 상품 설명을 하던 모습이 생각난다. 그러나 결국 그 모든 것이 헛된 꿈이라는 것을 알았을 때 그 친구는 더욱 철저한 자기관리로 생선장사의 길을 갔다.

어린 시절, 깜깜한 밤에 서리를 하고 도망가다가 그 친구와 함께 강을 건넌 적이 있다. 주인이 쫓아오지나 않을까 하는 두려움 속에서 우리는 단지 곁에 누군가 있다는 사실 만을 위안삼아 열심히 헤엄을 쳤다. 이제는 세월이 흘러 각기 다른 길을 가고 있지만 서로의 존재만으로 우리는 여전히 서로를 격려하고 격려 받고 있다. 내 바람은 이 친구가 멋지게 가정을 꾸려 사회생활만이 아니라 가정생활에서도 모든 사람들에게 인정받는 것이다.

국가는 이처럼 자신의 삶을 열심히 사는 사람을 격려해줘야 한다. 그러나 현실은 온갖 이상한 정책으로 인해 많은 소시민들이 고통 받고 있다. 또한 정부가 일부 기업인에 대하여 특혜를 베푸는 바람에 자영업에 실패하고, 고생해서 번 돈을 날리는 서민이 속출하고 있다. 미래저축은행 김찬경의 경우만 해도 금융감독원에서 조금만 신경을 썼어도 멀쩡한 사람들이 재산을 날리는 일은 일어나지 않았을 것이다.

"제발 부탁입니다. 관료 나으리. 땀 흘리면 흘린 만큼 좀 잘 살게 해줍시다. 이런 친구들이 집도 사고 결혼도 하게 제발 꼼수 부리지 말고 정상적으로 정책을 펼칩시다."

[무모한 도전]

내가 그 땅을 전원주택지로 개발할 생각을 한 데에는 특별한 사연이 있다. 올 초에 3차 공투 일로 마산에 내려갔다가 올라오는 길이었다. 중국에 있는 지주클럽의 정회원인 '팻숑 님'으로부터 한 통의 전화가 걸려왔다.

장시간 고속도로를 운전하는 동안 누군가와 대화를 한다는 것은 특히, 지루한 운전 중에 참 반가운 일이다. 운전 중 통화가 불법이지만 졸음운전보다 낫다는 점에서 이어폰을 끼고 한다면 그닥 막을 일만도 아니다.

타국에 있는 외로움 때문인가 아니면 서로의 코드가 맞아서인가 모르지만 휴대폰을 잡았다 하면 기본이 30분이다. 그 전에 전화를 끊으려면 뭔가 아쉽고 상대방에게 미안한 느낌이 든다.

당시 일본에 대지진 나는 바람에 우리나라 모 지자체에서 일본인

집단 거주지 조성 계획을 수립하려고 한다는 기사보도가 떴었다. 우리의 관심사는 그쪽으로 이어졌는데 자연스럽게 우리 클럽과 전원 마을에 대한 방향으로 흘러갔다. 현재 이런저런 전원마을에 대하여 문제점을 지적하면서 문득 머리에 스치는 생각이 있었다. 8년 전 경매로 낙찰 받은 ㅇㅇ군의 토지가 생각났던 것이다. 잠시 그 땅에 대해 설명하자면 이렇다.

8년 전 할머니의 병세가 악화되면서 미국에 있는 큰고모가 귀국하여 6개월가량 수발을 들었다. 천성이 고운 고모였기에 할머니의 마지막 시간까지 자리를 뜨지 않고 병간호를 했다. 당시 나는 경매에 대하여 한참 물이 오르던 시기였는데 마침 그 땅이 경매에 나온 것이다. 한눈에 좋은 땅임을 알아보았고 도저히 그 땅을 사지 않고는 견딜 수 없었다. 하지만 수중에 돈이 없었으니 땅을 살 방법이 없었다. 혹시나 해서 큰고모에게 부탁드려봤다. 고모는 마침 가지고 있는 돈이 있다며 기꺼이 도와주셨다.

두 번의 미납이 있었고 3차 입찰에 들어간 물건이었다. 통상 이런 경우, 아무리 욕심이 나도 2차 가격을 약간 올려서 쓴다. 하지만 내 상태는 확고함을 넘어 흥분 지경이었기에 아버지의 충고도 무시하고 경매 감정가 이상의 금액을 써냈다. 차 순위 입찰자의 거의 두 배에 가까운 가격이었다.

그것으로도 모자라 경매장 입구에서 파는 1/5,000 지도를 구입했다. 서울 북촌 집을 경매로 낙찰 받은 후로 이렇게 흥분한 적은 없었다. 결과를 기다리는 동안 나는 안절부절 못했다. 내가 구입한 1/5,000 지도는 지금이라면 인터넷에 지적도가 잘 나오기 때문에 구입할 필요가 없었지만 그때만 해도 제법 비싼 금액을 지불해야 했다. 서울 지역의 지적도는 3만 원 정도였고 광역시의 지적도는 5만 원 정도였다. 그리고 웬만한 지역의 중소도시는 10만 원 정도였는데 소위 까막골 밑, 동네 지적도는 지도책 한 권에 25만 원에 달했다. 하지만 나는 한 페이지를 제대로 보고 싶어서 눈 딱 감고 구입했다. 그리고 아버지의 호된 꾸지람에도 아랑곳 하지 않고 며칠 밤낮을 미친 녀석처럼 히죽거리며 즐거워했다.

지금처럼 인터넷으로 항공사진을 볼 수 있었던 것도 아니고, 감정평가서에 붙은 사진도 지금처럼 꼼꼼한 것이 아니었다. 경매에 입찰을 하려면 일일이 발품을 팔아야 하는 시절이었다. 나는 그 땅을 보기 위해 아침 일찍 염작업, 즉 고등어자반 만드는 일을 부리나케 끝내놓고 친구인 A를 꾀어서 동무삼아 250km의 거리를 달려갔다. 막도착했을 때는 해가 질 때였는데 저녁노을이 호수에 드리워진 모습을 아직까지 잊을 수가 없었다. A에게 이런 말을 했던 것 같다.

"내가 지금 너에게 산삼을 보여주었으니 이제 너도 호미를 들고산을 헤매다가 이런 것을 보면 산삼이라 생각하고 '심봤다~'를 외치면 된다."

그만큼 좋은 땅이었다. 그 며칠 뒤 예상대로 나는 그 땅을 낙찰 받았다. 문제는 엉뚱한 곳에서 발생했다. 큰고모의 지극정성을 뒤로한 채 아쉽게도 할머니가 세상을 뜨신 것이다. 몇 달 후 큰고모도 미국 뉴욕으로 돌아갔다. 하지만 고모가 가시자마자 기다렸다는 듯 달러가 오르기 시작했다. 고모에게 상환하여야 하는 돈이 어마어마하게 뛰어버린 것이다. 결국 아버지가 나서서 해결을 해주시기는 했는데 돈에 맞먹는 지청구를 들어야 했다.

그렇게 구입한 땅이 지금 추진하고 있는 전원마을의 공투 토지다. 내가 구입한 토지는 당시 6백 평이었다. 그 친구와 통화할 시점, 3배가량 올라 있었다. 하지만 나는 만족하지 않았다. 그 땅이 가진 잠재력은 그것의 열 배, 아니 무한했다.

팻숑 님과 통화한 후 나는 그 땅으로 뭔가 해야겠다는 생각이 들었다. 그래서 주변 친구들과 친구의 직장 동료들에게 주변 땅을 경매로 구입할 것을 권했고 여러 번에 걸쳐서 지주클럽 회원들에게 구매할 수 있는 기회를 만들었다. 하지만 우리 회원들과 내가 구입한 3천 평으론 아무 것도 할 수 없었다.

그런 와중에 인근 땅에 대한 개발계획이 터져 나왔고 주변 여건들이 변해갔다. 그 땅에 대한 기대가 많은 만큼 내 욕심은 커졌다. 만족할 만큼의 땅을 구입하려면 적어도 60억 원 이상의 현금이 필요했다. 며칠을 고민했다.

"주위에 누구 그런 돈 가진 사람 없을까?"

가만히 생각해보니 이미 내 곁에는 100명에 달하는 지주클럽 회원들이 있지 않은가. 이 생각을 하자 갑자기 희망이 보이기 시작했다. 모든 땅을 사지는 못해도 적어도 회원들에게 마지막 기회는 만들 수 있을 것이라는 생각. 어디까지 할 수 있을지 모르지만 일단 실현해 보기로 했다. 내 주머니에 60억은 없지만 100명의 회원에게 지켜왔던 신뢰만큼은 자신할 수 있었다.

뚜렷한 운영계획도 없이 카페에 이 이야기를 올렸다. 그리고 회원들과 전화 통화를 하기 시작했다. 김천에 있는 한 분이 전화를 주셨다. 아직 정식으로 회원가입을 하지 않은 분이었다.

"첫 키스보다 더 흥분했던 땅이라는 말에 믿음이 가요. 저도 참여할 수 있을까요?"

내가 카페에서 그런 말을 했었던가? 이런, 아내가 들으면 혼날 일인데……. 그러고 보니 정말 나의 첫 키스 상대는 나의 아내다. 아내가 아는지 모르지만.

그 후 기적처럼 한 분 한 분 돈을 보내오기 시작했다. 나 스스로도 놀랄 일이었다. 누가 자기 가족도 아닌 사람에게 이렇게 큰돈을 선뜻 맡길 수 있단 말인가.

그렇게 모인 계약금으로 나는 유리한 가격에 일부 땅을 계약할 수 있었다. 그것으로 만족할 수 없었던 나는 땅을 더 구매할 분을 찾아

나섰고 카페에 상세한 이야기를 올렸다.

그러자 기적처럼 다시 땅을 구매하기로 한 분이 나타났고 잔금지급일보다 먼저 돈을 입금시켜 주었다. 나는 또 그 돈으로 다른 땅을 계약했다. 매주 이렇게 몇 개의 땅을 계약하고 등기하는 일을 반복한 지 한 달 반 만에 3만 평의 토지를 계약할 수 있었다. 목표는 6만 평. 남은 것은 3만 평뿐이었다.

주변에 공원이 들어선다는 이야기가 있으면서 이미 인근 땅값이 무섭게 상승하고 있었다. 문제는 우리가 구매한 지역의 토지가 언제 개발되는가 하는 것이었다. 완벽한 조건을 갖추고 있었지만 땅이 워낙 넓은 데가 묘지가 많다는 게 문제였다.

게다가 토지주가 여럿이었고 대부분 외지 사람이었다. 토지주가 외지인이라는 것은 그들이 투자를 목적으로 땅을 구입했다는 이야기였다. 20년 전 개발을 바라보고 투자했다가 이제 서서히 지쳐가는 중이었다. 인근 땅값은 천정부지로 오르는데 그곳만 거래가 없었다.

눈이 밝은 사람 중에 눈독을 들이는 사람이야 많았지만 20년 전에 구매한 사람들 연락처를 알아낼 길이 없었던 데다 너무 많은 사람들의 이해관계가 얽혀 있다 보니 선뜻 고리를 풀려고 하지 않았던 것이다.

이제 차근차근 고리를 풀어나가고 있다. 고리가 모두 풀리는 날 세상 사람들은 보게 될 것이다. 작은 투자자들이 모여 얼마나 큰일을 해냈는지를.

개발에 있어 주민동의는 민주주의 절차를 통해서 이루어진다. 소위 말하는 다수결의 원칙. 하지만 이런 개발에 있어 의결 조건은 땅의 평수가 아니라 사람 머릿수인 것이다.

현재 지주클럽이 매입한 토지는 아직 50%를 넘지 못했지만 정족수는 3분의 2가 되었다. 눈치가 있는 사람이라면 이 말이 무엇인지를 알 것이다. 왜 뭉쳐야 하는지.

제가 신문을 끊고, TV를 끊고, 주위를 둘러보았더니 현실이 보입니다. 한 가지 말
씀드리자면 조ㅇ일보에서 사라고 떠드는 부동산만 안사면 됩니다. 그러면 성공합
니다. 이 나라는 노동자가, 서민이, 촌놈들이 한나라당을 찍고 조ㅇ일보를 봅니다.
그래서 그것 믿고 뻑하면 딴나라 애들이 서민을 위한다, 서민을 대변한다고 난리입
니다.

이래서 배워야 한다는 겁니다. 대한민국 수능시험에 왜 역사과목이 빠졌을까요. 이
유는 간단합니다. 역사교육이 친일파를 바라보고, 미국에 무조건 굽신거리지 않고,
정권과 기업에 비판적인 날을 세우게 하기 때문입니다. 탐욕스런 기업은 애국심을
가진 젊은 인재보다 무개념의 영어 잘하는 놈이 더 부려먹기 좋을 것이고, 부도덕
한 정권은 비판력을 상실한 민초들을 다스리기가 더 좋을 것입니다.

정한영의 블로그 이야기

내가 읽고 있는 것이 정보인지 단순자료인지 파악하기 위해서는 시간성을 고려해야 한다.
해묵은 논쟁, 남들이 다 아는 이야기는 정보로서의 실효성을 잃은 것이다.
정보가 정보로서의 가치를 지니려면 남들보다 한발 앞선 정보력을 제공해야 한다.
다음은 내가 블로그 '생선장사 경매 이야기'에 올렸던 이야기다.
시간이 지나면서 상기 블로그가 정보의 보고로서의 가치를 인정받고 있다.
읽기 편하도록 오자와 비문을 바로잡은 것 외에 원문 그대로 게재함을 밝힌다.
http://jijuclub.tistory.com/

PART 04 ▶▶▶ 정한영의 블로그 이야기

강남 아파트, 대출을 봐야 한다

서울공화국이야기 2009/12/11 00:06

　피곤해서 낮잠을 잤더니 눈이 말똥말똥, 아내는 세상모르고 자고 있습니다. 블로그에 있는 카운터를 보니 저런, 아직도 1천 일이나 남았음을 가리킵니다. 그들이 설치는 꼴을 3년이나 더 두고 봐야 한다니. 눈앞이 깜깜합니다. 아, 그러고 보니 쥐가 설치류였습니다. 그것을 몰랐네요.

　지금 저축은행이 위태롭습니다. TV광고에 나오는 저축은행들 많잖아요. 왜 위태로울까요. 수도권 아파트 값이 떨어졌기 때문입니다. 현재 수도권의 경매물건 대부분에 대하여 저축은행들이 후순위 채권자입니다. 그런 물건이 경매에 나오면 은행은 선순위 채권자로서 빚을 돌려받을 수 있지만 저축은행은 대출해준 돈을 회수할 방법이 없습니다. 손해막급이죠. 계속 무너지고 있습니다. 이 여파가 어디로 튈지 걱정입니다. 오늘 따라 날씨가 더 춥군요. 집에 일찍 일찍 들어가세요. 추울 때는 집이 최고입니다. 잠 안 올 때 보시라고 기사를 첨부합니다.

저축은행發 금융위기 재발 우려 확산

2009년 12월 10일 (목) 05:25 ○이낸설

저축은행의 부동산프로젝트파이낸싱(PF)부실과 후순위채만기 도래까지 겹쳐 저축은행발 금융불안이 재발되는 것 아니냐는 우려가 확산되고 있다. 지난해 금융당국의 규제에도 불구하고 저축은행의 PF를 포함한 건설·부동산업 관련 여신이 오히려 증가했다. 또 후순위채를 발행한 저축은행은 내년부터 후순위채 만기가 돌아와 수백억대 자금이탈로 인한 BIS비율하락 등도 우려되고 있다. 9일 한국기업평가에 따르면 부산, 솔로몬, 토마토, 한국상호저축은행 등의 PF 비중이 2007년 3월말 47.7%에서 지난 6월말 26.4%로 21.3%포인트 감소했지만 지난해 12월 사후정산을 조건으로 한국자산관리공사(캠코)에 넘긴 PF부실채권을 감안하면 PF절대규모는 6조2000억 원에서 7조1000억 원으로 증가했다. 캠코는 지난해 12월과 올해 3월 각각 5023억 원과 1조2416억 원의 저축은행 PF대출채권을 사후정산방식으로 인수했다. 이후 캠코는 정상화 가능한 PF 사업장을 구조 조정해 정상화하려 했지만 1년이 지난 현재 1조7439억 원의 부실채권 중 매각을 시도한 곳은 3000억 원 규모의 남양주시 소재 PF 사업장뿐이다. 부동산시장이 위축된 데다 사후정산방식이기 때문에 낮은 가격에 매각하면 저축은행으로 손실이 불가피한……

이건희 100억 배당과 내가 받은 16만 원 배당

서울공화국이야기 2010/02/26 08:35

이ㅇ희가 100억을 배당 받았다고 합니다. 계산해 볼까요? 주식 4조 원어치 배당액이 100억 원이니까 4천억은 10억 되겠군요. 4백억 원은 1억, 4십억 원은 1천만 원을 배당받습니다. 4억 원은 100만 원, 4천만 원 은 10만원을 배당받겠군요. 달랑 4백만 원 어치 주식을 갖고 있으면 배당금 1만 원이네요.

제가 농협에 출자한 돈이 쬐금 있습니다. 이래 봬도 어엿한 주식 투자가입니다. (시골에서는 농협에 출자하는 것이 의무입니다.^^) 제 보유 주식 총액이 150입니다. 150억이 아니라 150만 원이요. 주식 보유액 150만 원에 대하여 16만원 배당 받았습니다. 물론 이 금액은 동네 '하나로마트 이용 실적금' 7만 원을 포함한 것입니다만. 그래도 투자 비율로만 따지만 이ㅇ희 안 부러운 돈 아닙니까.

사람들은 100억이라는 숫자에만 눈길이 가겠죠. 배당금 100억이 장난입니까? 이ㅇ희가 100억 받았다고 하니 나도 삼ㅇ 주식 가졌다! 자랑스레 외치는 분들이 있죠. 알고 보니 달랑 4백만 원어치더라고요. 그분 1만 원 배당 받았겠죠. 당신이라면 배당금 노리고 그 주식 보유하겠습니까? 이게 거품이라는 것입니다.

뭔가 이상하지 않습니까. 강남 룸살롱들이 임대료도 못 벌어 야단인데 한 다리 건너 룸살롱이 들어서고 있습니다. 강남이 천국 같고 돈이 남아도는 것처럼 보입니까? 누가 강남을 그런 곳으로 선전했을까요? 삼성보다 우리 동네 하나로 마트 영업실적이 더 좋습니다. 삼○ 주식을 장기 보유한다고요? 지금 삼○이 잘 나가는 거 사실입니다. 그럼 생각해봅시다. 더 오를 데 없이 최고이니, 주식도 천장을 찍은 셈 아닐까요?

삼○ 전자에 투자하는 사람이 제일, 바보인 거야, 배당도 졸라 적게 하지, 지금 1등이니 더 올라갈 여력도 없지. 이○희, 삼○가 사람들 싸가지 없는 거야 언급할 것도 없고 그런 기업 오래 갈 리 없죠. 아니, 기업이라는 것이 원래 한 방에 간다는 것 모르시나요?

우리 동네 단위농협이 삼○ ○플러스보다 더 많이 남기고 있습니다. 그런데 왜 이문도 없는 삼○ ○플러스가 그렇게 잘 돌아가는 걸까요? 제가 한마디 하겠습니다. 당신이 홈플러스 주식 사주고, 은행에서 ○플러스에 대출해주고, 그래서 빚이 늘어나면 증자하고, 그럼 당신이 다시 주식 사주고 그래서 그런 겁니다. 에구, 불쌍한 이○희. 그래 400만 원 당 1만원 배당 받자고 그 고생을 하고 있네요. 주식 떨어질까 불안해도 팔지도 못하고 말입니다. 아, 또 있네요. 이○희는 배당금에 대하여 세금을 물어야 하네요. 우리 동네 단위농협 배

244

당금은 면세입니다. 우리 집 노인네 같으면 400만 원 투자했는데 1만 원만 돌아오면 당장 뒷목 잡으면서 그 주식 마당에 내던집니다.

참고로, 우리나라에 100억 넘는 배당부자가 10명이랍니다.

조ㅇ일보는 누구를 위한 신문인가

서울공화국이야기 2010/03/22 16:19

한은총재가 이자 생활자 울리네

조ㅇ일보 〉경제 2010. 3. 22 (월)

"조만간 금리 올린다는 정부 말만 믿고 기다렸는데…."

별다른 수입 없이 이자로 생활하는 은퇴생활자 이모(67)씨는 최근 예금에 가입하러 은행에 들렀다가 화들짝 놀랐다. 은행 창구 직원이 연 3.7% 금리밖에 줄 수 없다고 잘라 말했기 때문이다. ……

기사를 읽은 사람으로서 할 말이 없습니다.

검색엔진에 '조'자만 쳐도 '조ㅇ일보'가 탑으로 뜹니다. 정말 ㅇ같습니다. 이것이 판매부수가 높다고 자랑하고, 서민을 위한다고 말하는 조ㅇ일보입니까? 서민들, 저축조차 하지 말라는 이야기입니까? 가진 돈으로 모두 아파트 사라는 말입니까? 하기야 어떤 사람은 경매를 홍보하고 전 국민이 경매를 통해 부자가 되어 그렇게 번 돈의 몇 %를 장학금을 주면 행복한 나라가 될 것이라고 떠듭니다. 절망입니다.

제가 신문을 끊고, TV를 끊고, 주위를 둘러보았더니 현실이 보입니다. 한 가지 말씀드리자면 조○일보에서 사라고 떠드는 부동산만 안사면 됩니다. 그러면 성공합니다. 이 나라는 노동자가, 서민이, 촌놈들이 한나라당을 찍고 조○일보를 봅니다. 그래서 그것 믿고 삑하면 딴나라 애들이 서민을 위한다, 서민을 대변한다고 난리입니다.

이래서 배워야 한다는 겁니다. 대한민국 수능시험에 왜 역사과목이 빠졌을까요. 이유는 간단합니다. 역사교육이 친일파를 바라보고, 미국에 무조건 굽신거리지 않고, 정권과 기업에 비판적인 날을 세우게 하기 때문입니다. 탐욕스런 기업은 애국심을 가진 젊은 인재보다 무개념의 영어 잘하는 놈이 더 부려먹기 좋을 것이고, 부도덕한 정권은 비판력을 상실한 민초들을 다스리기가 더 좋을 것입니다.

먹고 살기 힘든 시절에도 4·19혁명이 있었고, 광주항쟁이 있었으며, 80년대 민주투쟁이 있었습니다. 그런데 지금 대학가에는 무엇이 있습니까? 다들 취직시험 준비한다, 공무원 시험준비한다 하면서 그들의 머슴이 되고자 혈안이 되어 있습니다. 무개념 교육이 낳은 현실입니다.

그렇게 백날 해봤자 그들의 함정에서 빠져나오지 못합니다. 과거 돈 많이 벌게 해준다고 시골처녀에게 몸과 영혼을 팔게 하고선 결국은 그들은 그 대가로 썩은 몸뚱어리를 돌려주지 않았습니까? 기업의 노예가 된다는 것은 최종 종착점에 이르러서는 개인의 인생은 없다는 것을 알게 된다는 것입니다. 그들은 아파트를 사라고 떠들지언 정 땅을 사라고 떠들지는 않습니다. 그들이 경제가 어렵다면서 건전 한 소비를 늘리라고 합니다. 근검저축하라는 말은 절대 하지 않습니 다. 내 딸아이 학교 설문조사에 이런 것이 있었습니다.

'부모님이 희망하는 아이의 장래 직업은 무엇입니까?'

당연히 저는 사회운동가, 또는 민주투사라고 대답하지 못했습니 다. 하지만 마음만은 말대꾸 잘하는 우리 딸이 이 사회를 위하여 보 람된 일을 했으면 하는 바람입니다. 당신이 조ㅇ일보를 보고 있다면 그저 자식 열심히 학원 보내서 대기업에 취직시키고, 열심히 보험 들어 주면 됩니다. 말년에 운이 좋으면 그럭저럭 만족할 것이고, 쪼 금 운이 나쁘면 폐지를 주우러 다닐 것입니다.

내 고향 옥천이 나는 자랑스럽습니다. 옥천은 안티 조ㅇ운동의 선 봉지이며 드라마 〈추노〉 작가 천성일 선배의 고향입니다. 그가 어 떻게 해서 그런 작품을 쓸 수 있었는지 저는 압니다. 그는 역사를 아 는 사람이었습니다. 왜 불의에 저항해야 하는지 아는 선배였고, 왜 조ㅇ일보를 봐서는 안 되는지 제게 가르쳐준 선배였습니다.

불의한 언론, 불의한 기업은 변해야 합니다. 그 터전 위에 올바른 싹을 틔워야 합니다. 같은 말이라고 해도 술집 아가씨 입에서 나오 는 '오빠 사랑해.'와 사랑하는 여인이 해준 '당신 사랑해.'는 다릅니 다. 그들이 우리 어머니와 똑같은 단어를 쓴다고 해서 똑같은 의미

248

가 아니라는 말입니다. 그들이 우리를 사랑한다는 것은 단지 '머슴으로서의 당신을 사랑한다.'는 의미입니다. '어떻게 하겠니? 너희들 운명인 걸. 복종해야 하는 운명을 탔으니 우리들에게 충성 다해 줘!' 우리는 그저 머슴으로 취급될 뿐입니다.

서민을 사랑한다고요? 그들의 눈에는 우리가 서민이 아니라 강남 소망교회 맨 뒷자리에 앉아 있는 아줌마가 서민인 것입니다. 버스요금이 아직도 70원인 줄 알고 있는 당대표가 서민정책을 편다고 합니다. 그들은 대한민국이 살 만하다고 떠들고 있습니다. 그들 정책의 진실은 어떻게 하면 없는 자들을 부려 먹을 것인지, 어떻게 하면 어리석은 사람을 우롱해서 있는 것마저 빼먹을 것인지 연구하는 것입니다. 내가 만난 사람들 대부분이 양도소득세와 종합부동산세를 걱정합니다. TV에서 연일 세금 정책이 어쩌고저쩌고 떠들어대기 때문입니다. 하지만 진실로 양도소득세를 걱정해야 할 만큼 돈을 번 사람을 만나본 적이 없습니다. 그만큼 우리가 알고 있는 정보라는 것이 전혀 우리를 위한 정보가 아니라는 것입니다.

당신이 만약 이자소득으로 먹고 사는 사람이라면 조○일보를 보십시오. 하지만 당신이 대출이자를 걱정하는 입장이라면 답은 나와 있습니다. 조○일보는 서민을 위한 신문이 아닙니다. 조중동을 보는 사람은 둘 중 하나입니다. 부자 아니면 부자 똘마니를 하면서 부자인 척 개폼 잡는 사람.

내 말했지요, 만능 청약통장 별 볼일 없다고

서울공화국이야기 2010/03/12 16:47

    제가 그러지 않았습니까. 뭐든지 다 되는 만능치고 제대로 되는 것 하나도 없다고요. 요즘 신도시 개발하면서 그럽디다. 첨단, 국제, 중심, 크러스트, 친환경, 혁신 좋은 말 다 갖다 붙입니다. 대체 뭐하는 도시입니까.

    애들 놀 때 그러죠.

"내 딱지 슈퍼 딱지야."

"그래? 그럼 난 슈퍼 울트라 딱지야."

"어, 그래? 그럼 슈퍼 울트라 캡 딱지야."

"나는 슈퍼 울트라 캡에다 짱이다."

    결국 딱지놀이는 하지 않고, 입씨름만 하죠. 요즘 도시개발 계획 청사진 믿고 통장 디밀다가 큰일 납니다. 아무튼 이놈의 정권 이후 뭔 사업을 할 때마다 수식어만 붙이고 앉아 있으니. 이게 다 창의력 교육, 웅진 싱크빅과 빨간펜 덕분입니다. 주둥이로는 다 하지~~~

청약 예·부금 가입자 뿔났다. 보금자리 '왕따'?

2010년 03월 12일 (금) 13:23 ○시아경제

얼마 전 판교가 '로또'로 불린 적 있다. 그에 비하면 위례신도시 보금자리주택(무주택 서민을 위한 중소형 아파트)은 '슈퍼 로또'다. 시세 차익이 수억 원에 달할 거라는 분석도 나온다. 그래서 정부는 당첨자들에 대한 분양권 전매 제한 등의 조치를 취하기도 했다. 그런 위례신도시에 지금 잔치판이 벌어졌다. 보금자리 일반 청약이 다가오면서 시장도 술렁이고 있다. 모두들 위례신도시를 겨냥한 발걸음이 빨라지고 있다. 그런데 이런 잔치판에 초대받지 못한 사람들이 있다. 청약예금 가입자들이다. 물론 '사촌이 땅 사면 배 아프다'는 수준이지만 뚱하게 불어터진 목소리가 넘친다. 그중에서도 김모씨(45세)는 요즘 땅을 치고 있다. 그는 5년 전 청약저축을 청약예금으로 바꿨다. 판교 입성을 위해서였다. 보금자리주택 같은 게 나올지 상상도 못했다는 그는 '청약저축'이 귀하신 몸이 되자……

서울 아파트 빚투성이……

서울공화국이야기 2010/03/23 09:55

서울 자가주택 31% 빚투성이……대출금 1억9천만 원

2010년 3월 23일(화) 05:33 ○합뉴스

전체 가구 27%는 전세… 평균 전세가 1억1천700만(서울=○합뉴스) 이○헌 기자 = 서울 전체 가구의 69%는 집을 소유하고 있지만, 이 가운데 3분의 1은 평균 1억9천만 원의 주택대출금을 갚지 못한 것으로 나타났다. ……

시장에서의 10%의 공급 과잉이나 부족이 실질적으로 가격에서는 폭락과 폭등으로 이어진다는 사실을 알아야 할 것입니다. 수많은 사람들이 빚으로 허우적거리고 있습니다. 개인적인 이야기지만, 평균 부채가 1억9천이라고 하니 지금 제가 가지고 있는 빚과 비슷하네요. 음……. 일단 부채는 서울사람들이나 저나 똑같네요.

하지만 숫자가 같다고 해서 의미까지 같은 것은 아닙니다. 제게는 당장 현금화할 수 있는 자금과 현물자산이 있고, 시세에 대하여 능동적으로 대응할 수 있는 부동산이 30개가 넘습니다. 비록 그게 하나에 천만 원짜리라고 해도 전국에 흩어져 있어서 지역적 특수성에 의한 부동산 가격의 부침에 커다란 영향을 받지 않습니다.

월세를 받는 일부 부동산의 경우, 규모가 작고 여러 지역에 분산되어 있기 때문에 일정비율 공실률이 있기는 하지만 모든 물건에 대하여 공실이 되는 경우는 없습니다. 월 평균 50만 원 ~ 120만 원가량의 월세가 보장되어 있죠.

자, 여기까지는 제 자랑이고요, 진짜 문제에 대해 이야기해보겠습니다. 교수들의 조사나 논문이라는 것이 뒷북치는 해설에 불과하거나 뉴스 보도처럼 유통기한 지난 정보라는 데에 문제가 있습니다. 시장은 수차 언급한 것처럼 아파트부터 급랭하고 있습니다. 그럼 이 문제를 어떻게 해야 할까요? 뭐 방법이 없죠. 하늘에서 돈이 떨어지거나 로또에 당첨되지 않는 이상 해결할 방법이 없는 것입니다. 당연히 하늘에서 돈이 떨어지는 일은 없을 것이고 로또의 당첨자도 마음대로 늘릴 수 없으니 정부에서는 할 수 없이 돈을 풀겠죠.

누누이 강조했지만 어떠한 정책가도 아파트 값이 떨어지기를 원하지 않습니다.(단 한 명 고인이 된 '노통' 빼놓고요.) 왜냐? 행정을 잘하려면 세금 없이는 되지 않기 때문입니다. 가장 쉬운 세원이 집이죠. 집값이 올라야 부동산 거래가 활발해질 것이고, 집 거래가 활발해져야 건설업이 돌아갈 것이고, 건설업체가 돌아가야 단란주점이 돌아갈 것이고 결론적으로 지역상인들 입장에서 경제가 살아났다고 느끼게 되는 것이죠. 이게 말로는 설명하기 복잡한 부분이 있지만 일단 파고 들어가 보겠습니다.

아파트 거래가 안 될 경우, 비인기 지역부터 가격하락이 있겠죠. 비인기 지역일수록 서민들의 부채 비율이 높습니다. 이는 결정적으로 서민들이 금리가 비싼 대출상품을 가지고 있다는 말도 됩니다. 사정이 이쯤 되면 정부는 부동산의 안정을 꾀할 목적으로 물가를 올려 돈을 풀게 됩니다. 이렇게 되면 엥겔지수가 높은, 다시 말해 땟거리에 소득의 대부분을 써야 하는 밑바닥 인생부터 괴사하는 것입니다. 여기서 문제는 끝나지 않습니다. 소비자가 붕괴하니 시장에서는 돈을 더 요구할 것이고 이러한 위기 상황에서 정부가 푼돈은 바닥으로 가는 것이 아니라 저 위의 지배계층이 먹게 됩니다. 그들은 그렇게 번 돈으로 밑바닥 시장에 대하여 다시 사채놀이를 합니다.

이런 식으로 피지배층의 고통은 배가되고 상위층은 이러한 부동산 폭락을 이용하여 이익을 챙깁니다. 그래서 전쟁이 나도, 외환위기가 와도, 금융위기가 와도 그들은 정보에 대하여 밝기 때문에 더 빨리 준비하여 위기 상황에서 오히려 돈을 법니다. 그들, 하루 땟거리에 연연하지 않는 사람은 경제가 어려우면 해외여행이나 골프여행 자제하면 되고, 수많은 애인 중 하나를 정리하면 됩니다. 아니, 정리할 것 없이 아내나 애인에게 명품가방 하나 덜 사주면 됩니다. 부자들은 기업특혜로 인해 서민보다 더 싼 금리 이용하면서 세금도 떼 써서 깎습니다. 어렵다는 핑계로 직원들 월급을 늦추기도 합니다. 한 달만 늦게 돈이 나와도 그 직원은 카드 돌려 막고, 연체이자 내고, 신용등급 떨어집니다. 기득권은 이런 것 고려하지 않습니다. 늦게라도 주는 것 다행으로 여기라 합니다. 고통 분담이라면서요. 그렇게 그들은 회사가 어렵다는 핑계로 모든 대금 지급을 미룹니다. 그 돈으로 시장에 나오는 싸고 좋은 급매물건, 다시 말해 인플레이션으로 올라갈 현물을 매입합니다. 하지만 땟거리 지수에 취약한 아래계급은 돈이 없으면 아침에 눈뜨자마자 쌀통부터 들여다봅니다. 자녀들 책값에 학원비 지급까지 중단했건만 각종 고지서는 연체상태가 됩니다. 이놈의 연체라는 것이 몇 푼 안 된다고 만만하게 볼 게 아닙니다. 하루만 연체돼도 이유 없이 2%(연 24%)의 누진율을 적용합니다. 그렇습니다. 가난할수록 연 24%라는 페널티로 바로 저 밑으로 추락하는 것입니다. 아래계급은 버틸 힘이 없습니다.

집이 경매로 넘어가도 집행비용을 따로 내야 합니다. 헐값 매각에 정신적 고통까지 겪으며 빼앗긴 재산은 어디로 갈까요? 뻔합니다. 지배계급의 손아귀로 들어갑니다. 서민들 위한다는 금융정책이 부유층 영양제로 쓰이는 것입니다. 술집에 팔려간 아가씨 돈 더 준다는 말에 열심히 일하다가 몸살 걸렸습니다. 하루 결근했다고 업주는 벌금까지 부과합니다. 서민의 삶이 이와 같습니다. 서민들 이용하는 금융상품이라는 것이 대출이자 높은 것은 당연지사고, 중간에 떼어

먹는 중개수수료가 장난이 아닙니다.

열심히 일한다는 것은 스스로의 무덤을 파는 것입니다. 주위를 둘러봐야 합니다. 내가 지금 어디로 헤엄칠 것인가. 물살이 밀려온다고, 그 물살을 이겨내려고 머리 박고 헤엄만 치면 안 됩니다.

물가는 올라갑니다. 다만 있는 자들이 가지고 있는 재산 가치는 빨리 오르고, 없는 자들이 보유한 재산 가치는 늦게 오른다는 것입니다. 어제 한 건 하신 '꼬다롱 님'은 왜 물가가 오르면 좋은지 실감하리라 믿습니다. 당신 마음에 그냥 부자가 되려는 욕심을 버려야 합니다. 1천만 원 땅이 10년 후에 2천만 원이 된다고 말해줘도 시큰둥한 사람들이 있습니다. 어떠한 금융상품도 10년 후에 실질 가치를 두 배로 만들어주는 상품은 없는데도 말입니다. 가만히 생각해 봐야 합니다. 자신의 재산을 부자들의 식사거리로 넘겨줄 것인지 아니면 작은 것이라도 건져낼 것인지.

경매가 그렇습니다. 누군가 망해야 시장에 활기가 돌죠. 참 나쁜 심보입니다. 하지만 자연의 법칙도 이와 같습니다. 얼룩말을 죽여야 암사자가 어린새끼를 먹일 젖을 만들 수 있습니다. 자연계에서 공생의 논리는 극히 일부분입니다. 약육강식의 세계죠. 잠시 함께 머무는 시간만이 있을 뿐. 그 시간이 지나면 혼돈 속에서 섞입니다.

인플레이션을 인정하지 않는 당신만 게임의 규칙을 모르는 것입니다. 취등록세 할인해준다고, 250만 원 싸게 산다고 턱하니 자동차는 새 것으로, 할부는 팍팍. 이런 분이 1천만 원짜리 땅은 돈이 없다고 못삽니다. 그래서 당신은 어렵게 살아야 할 이유가 분명해집니다. 게임의 규칙을 모르는 사람이 게임을 이길 수 없습니다. 이제까지 몰랐다면 지금이라도 알아야 합니다. 저는 나쁜 마음을 갖고 있습니다. 물가가 자꾸자꾸 올랐으면 좋겠습니다. 인플레이션만이 지금 제게 있는 빚 2억을 정리하게 해주는 좋은 방법이기 때문입니다.

아, 아파트 이야기하다가 말이 샜네요.

이렇듯 비인기지역부터 아파트의 거래가 중단됩니다. 비인기지역이 팍 떨어지면 인기지역은 소폭 떨어집니다. 강남 아파트가 10% 떨어지면 저 서울 외곽은 50% 떨어집니다. 그러다가 서서히 보류 상태가 되죠. 가격의 일시적인 정체현상이 나타납니다. 떨어져도 살 사람이 없으니 거래 가격은 더 떨어지지 않는 거죠. 이렇게 집값이 서 있는 동안, 물가가 무섭게 오르죠. 결국 나중에는 인건비도 오르죠. 그러면 애들 알바비도 1천만 원씩 되려나.

그러면 다시 기업에서는 새 상품을 내놓겠죠. 그럼 다시 아파트값은 오르고 그 사이 오래되고 낡은 집들은 시장의 떨이상품으로 나오게 되죠. 이렇게 바겐세일로 모든 게 정리가 되면 다시금 집값이 오르겠죠. 중요한 것은 느껴보라는 것이지요. 인플레이션을 아는 것이 게임의 기본이라는 것을.

송도 아파트 거래가격 형성의 실체

서울공화국이야기 2010/04/01 07:12

요즘 경제 기사를 보면 내 머리가 굳은 건가 하는 생각이 듭니다. 도대체 자기들 가방끈 자랑을 하는 건지, 정확한 정보를 전달하려 하는 것인지, 감추려는 것인지 알 수가 없습니다.

워런 버핏이 애널들의 개소리에 뭐라 한 적이 있습니다. 도대체 뭔 소리인지 알아먹을 수가 없다고요. 하기야 언론고시 보고 들어온 녀석들이 이 정도 난해하게는 써줘야 체면이 서겠지요, 내 참.

송도를 국제 글로벌캠퍼스화한다는 내용입니다. 말은 좋습니다. 그럼 이곳 아파트는 글로벌캠퍼스의 혜택을 받으니 당연히 타 지역보다 프리미엄이 올라야 하겠군요. 안 그래도 기자 분은 분양가에 비해 프리미엄이 오를 것이니 투자성이 좋다고 합니다. 정리하자면 이렇습니다.

송도 글로벌캠퍼스 → 분양가 호재(그들 주장) → 높은 청약율 → 분양 성공 → 오르는 프리미엄 = 신규분양가를 다시 올림 → 남는 차액으로 송도 글로벌 캠퍼스 유치를 위해 재투입하지만 실체를 볼까요?

진실 1. 글로벌캠퍼스? 수익성이 낮은 땅을 개발해 놓고 '글로벌캠퍼스'에 기댄다. 글로벌캠퍼스는 기약 없는 사업이다. 더구나 인근 아파트에 아무런 혜택도 없다. 있다고 해도 미래에 있을 이야기다. 적어도 앞으로 10년간은 조용할 것이다.

진실 2. 분양가? 글로벌캠퍼스 유치 사업비를 포함한 가격이다. 단순한 아줌마들은 분양가를 아파트 원가로 생각하며 글로벌캠퍼스의 유치 프리미엄을 미리 지불했다는 생각은 잊어버린다. 미래가 더 좋아지기 때문에 프리미엄이 있을 거라는 환상을 가진다.

진실 3. 높은 청약률? 그런 환상 때문에 일단 청약이 몰린다. 업자들 역시 높은 청약률이 앞으로의 발전할 프리미엄을 반영한 때문이라고 강조한다. 이러고 나니 가격이 막 오른다.

진실 4. 분양 성공? 건설회사에서 다시 분양을 시작한다. 이미 가격이 오른 지역보다 더 좋은 이유를 찾아내서 분양가를 올린다. 각종 전문가를 동원, 수익률이 높아진다는 예측을 내놓는다.

진실 5. 프리미엄? 이미 분양가란 것이 원가가 아니라 수익률을 반영한 가격이다. 하지만 전문가라는 사람은 과거의 그래프를 들고 나와 이 지역의 분양가 상승을 장담한다. 그래프 외에는 아무런 구체적인 자료도 없다. 그러고서 말한다. '지금 아파트가 어렵다고는 해도 적어도 이만큼 상승할 수도 있다.'

여기서 놀라운 것은 사기 치는 전문가가 아니다. 속는 아줌마들이다. 그들의 귓전에는 '적어도 이만큼 상승할 수도 있다.'는 말만 왱왱 울리나보다. 놀라운 자기 최면이다. 스스로에게 최면을 거는 것도 모자라 '상승할 수도 있다.'라는 말을 다른 아줌마에게 '상승할 수 있다.'로 옮긴다. 또 이 말을 들은 아줌마는 다른 아줌마에게 '상승한다.'라고 바꿔 전한다.

다시 이 말은 전문가에게 이렇게 돌아온다.

"아, 대세가 상승한다는 분위기다. 내 예측이 맞아 들어가는 느낌이다."

그는 다시 TV에 나와 이런 시장분석을 내놓는다.

"현재 청약 시장 분위기는 강력하게 상승 쪽으로 가고 있다."

이 방송을 본 아줌마들은 자신이 찜질방에서 들은 이야기가 TV에 나오니 너무 신기하다. 자기가 한 말인 줄 모르는 것이다. 하지만 이런 신뢰관계는 머지않아 깨지게 되어 있다.

맨 처음 소문을 만든 분양주체는 보다 파격적인 자금을 조달해준다. 어렵지 않게 계약금을 지불한 아줌마는 행복해진다. 아파트에 대한 소유권을 얻었다 믿는다. 이 상태에서 프리미엄이 붙고 거래가 된다. 하지만 이때까지만 해도 '프리미엄+계약금'이다.

조금 이자가 붙기는 했지만 다시 자금이 조달이 된다. 중도금이 들어간다. '프리미엄+계약금+중도금+다시 붙는 프리미엄'이 되어야 하는데 이 부분에서 착오가 일어난다.

처음 계약금을 낸 사람은 쉬웠다. 두 번째 사람은 프리미엄+계약금을 주어야 하므로 약간의 이자부담이 생겼다. 거기에다 소개하는 떳다방 아줌마에게 고맙다고 복비도 주었고, 애들 밥 안 해주고 피자 시켜주며 좇아다니느라 많은 비용을 썼다. 없어 보이면 안 된다고 해서 백화점에 들러 옷도 하나 샀다.

가격이 오르다 보니 초기에 계약한 사람 물건도 아직 소진이 되지 않았다. 그나마 다행인 것은 중도금을 낸 후 다들 호가를 올린다는 것이다. 아무리 생각해도 '계약금+프리미엄 +중도금'만 받는 것은 손해인 것 같다. 그래, 더 받아야 한다. 그러기 위해서는 떳다방의 도움이 있어야 우선 매수를 할 수 있다. 복비를 더 주기로 한다. 하지만 상대적으로 저렴한 옆집이 먼저 팔린다. 존심이 있지 마지막 계약순간에 복비 더 챙겨주고, 계약을 할까 말까 망설이는 맹한 새댁의 마음이 흔들릴까, 선심 쓰는 척 가격을 깎아준다. 우여곡절 끝에 매각 성사. 하지만 존심상 그런 말은 못하겠고, 어떻게 되었든 더 받았다고 우기고 다닌다.

세 번째 사람은 조금만 기다리면 더 비싸게 팔 수 있다고 자위하며, 곗돈 깨가며 돈 쏟아 붓는 것도 모자라 시골 친정언니에게 서울에 10억짜리 아파트 샀는데 쬐금 모자란다며 돈을 빌린다. 이자를 내며 버틴다. 잔금 날짜가 다가온다. 걱정이 태산이다. 그러다 반가운 소식이 들린다. 은행에서 대출을 더 해준다고 한다. 이 지역의 분양가가 많이 올랐기 때문이란다. 이 소식을 동네방네 떠들고 다닌다. 아파트 값이 많이 올라서 은행에서 말만 하면 돈을 빼준다고 하니 얼마나 좋으냐? 다른 아줌마들의 질투심을 막 자극시킨다.

막상 은행에 갔더니 어~ 생각보다 뺀다. 돈은 더 대출해주기는 하는데 광고보다 적다. 수입이 없는 아줌마라 이자도 더 높다. 더 뭣같은 것은 은행이 제2금융권으로 바뀌었다는 소식이다. 시골의 친정언니에게는 대출 이야기는 안 한다. 집값이 많이 올라서 은행에 말만 하면 돈이 나오니 걱정하지 말라고, 조카 대학 갈 때 돈 빼준다고 한다.

속이 탄다. 은행에서 대출을 더 받아 언니에게 빌린 이자와 은행 이자를 돌려 막지만 희망이 없다. 인터넷 카페에 들어가 위로를 받고자 한다. '아파트값 상승'이라는 곳만 찾는다. 당연히 어디를 봐도 아파트값 상승 기사투성이고, 호재만 눈에 보인다. 우리 동네가 아니어도 좋다. 꼬임에 넘어가 함께 산 아줌마들끼리 만나기만 하면 괜찮다며 좋은 말만 한다. 자신이 한 말을 자신이 믿는 형국이다.

'분명 기다리면 오른다. 그래 왔고 앞으로도 그럴 것이다.'

오늘도 이자 내고 났더니 지갑이 비었다. 아껴야 한다는 생각이 강력히 든다. 버티면 좋은 날이 올 거야.

그다지 인상 좋아 보이지 않는 생선장수가 있다. 올라오면서 본 오징어보다 물건은 좋다. 하지만 밑의 집에서는 다섯 마리 주는데 이 인간은 세 마리밖에 안 준다. 분명 원가는 거기서 거기일 텐데. 물건 쬐금 좋다고 바가지 씌우는 것 같다. 깎아야겠다.

"아저씨, 왜 저기는 다섯 마리인데 여긴 세 마리예요?"

"물건이 좋잖아요."

"뭐, 다 그게 그것 아닌가."

"나 참. 그럼 거기서 사시지 뭐 하러 여기까지 왔어요? 이게 비싸 보여도 한 마리 2천 원짜리를 세 마리 5천 원에 주는 거예요. 한 마리 천 원짜리 하고는 다르다고요."

"아니, 그런데 왜 그렇게 손님에게 왜 불친절해요? 장사꾼이."

"아줌마, 손님에게 친절한 놈은 사기꾼 아니면 다단계 판매업자 아니면 보험사 직원(형님, 죄송) 아니면 자동차 파는 놈들이에요. 참, 분양사무실 간판 걸어놓고 아파트 파는 놈들도 친절하죠. 다시 말해 입으로 많이 남기는 놈들이 친절한 겁니다. 저야 말 잘한다고 많이 남는 것도 아닌데 뭐 하러 친절합니까? 싸구려 파는 사람들 때문에 어쩔 수 없이 우리도 세일하는 거예요."

욕은 얻어먹었지만 이 아주머니는 실랑이 끝에 오징어 한 마리를 더 얻었다. 2천 원짜리 네 마리를 5천원에 구입한 것이다. 계산상으로는 3천 원이나 남았다. 이렇게 남는 거래를 하면 부자가 될 것이라는 확신이 든다.

아, 그 뚝뚝거리던 생선장수하고 실랑이를 하다 아주머니, 애들 올 시간을 놓쳤다. 원래는 마을버스를 타면 되는데, 김길태 사건도 있고 하니 택시를 탄다. 괜찮다. 이미 택시요금은 오징어 사면서 깎았으니 말이다. 아무리 생각해도 스스로 알뜰하다고 생각한다.

정말 힘드네요. 어제 감기약 먹고 일찍 잤더니 새벽에 눈이 떠져 뻘짓거리하고 있습니다. 막 떠오르는 대로 두드렸는데 한 시간이 더 걸리네요. 그냥 이해 부탁합니다.

이놈의 '파란'은 새벽마다 블로그 점검인지 검렬인지로 다운이 되곤 합니다. 6시 넘어서 올려야겠습니다. 아직 4시이군요. 아내가 일어나기 전에 4월 추천물건 찾아야겠습니다.

떨어지는 강남 아파트 값

서울공화국이야기 2010/07/13 21:36

이런 이야기는 널리 알린다고 해서 도움 될 것이 없습니다. 세상사 때로는 모르고 사는 것도 행복한 일입니다. 강남의 아파트값이 떨어지니 행복하십니까? 왜요?

우리가 잊으면 안 되는 것이 있습니다. 회사 사장이 돈이 없다고 합니다. 집값이 떨어져서 그렇다나요. 그럼 어떻게 될까요.

일단 직원 월급이 미루어집니다. 상여금이니 퇴직금이니 다 미루고 그에 대한 이자 이런 것 당연 계산 안 합니다. 그런 게 대수입니까? 회사가 망하려고 하는데.

사장은 직원들에게 줄 월급으로 6%짜리 강남 아파트 값 이자를 냅니다. 그런데 말입니다. 모질이씨들에게 말할게요. 월급 안 나오면 당신은 공과금을 낼 수 없습니다. 심지어 하루 밀렸다고, 당신은 하루만에 10%의 가산세가 붙는 수도요금, 전기요금, 전화요금 고지서를 받게 됩니다. 아, 저처럼 범칙금도 연체하는 사람이 있겠군요. 그렇더군요. 하루 10%, 니기미 겨우 하루 밀렸는데 한 달 밀린 것과 똑같이 연 10% 이자를 물어야 합니다. 연으로 따지면 120%입니다.

이래도 이해가 가지 않나요? 당신은 25%의 카드 수수료를 내야 하고 사장은 연 6%의 대출이자를 갚아야 하는 상황에서 돈 집행의 결정권은 사장이 가지고 있습니다. 강남 폭락의 의미는 여기에 있습니다. 그들이 대한민국 경제 90%를 좌지우지합니다. 이제 그들이 돈이 없다고 합니다. 그럼 누구부터 망할까요? 강남 사람들이 먼저 망할 것 같나요? 뭐 그런 착각 속에 빠지는 즐거움도 있어야겠지요.

강남 아파트값의 몰락은 서민주택의 파괴를 의미한다는 것, 결국은 돈 없는 당신부터 망한다는 사실, 기억하세요.

IMF 때 그들이 이 나라를 궁지로 몰았습니다. 밑바닥만 죽어라 고생했습니다. 노가다 일당 떼이는 것 예사고, 납품업체 날라가는 것 예사고, 그래도 그들은 신나게 돈 벌었습니다.

집값이 폭락하면서 서민들의 집은 대출도 받지 못한 채 헐값으로 넘어가고 있습니다. 이런 와중에 그들은 서민들의 땅을 야금야금 빼앗고 있습니다. 우리는 IMF때, 금 모으기 운동이라는 타이틀아래 미련 없이 금을 내다 팔았습니다. 가뜩이나 떨어진 금값은 더더욱 떨어졌고 부유층은 이때를 놓치지 않고 금을 사 모았습니다. 그러고 나서 우리가 더 이상 금을 팔수 없는 상황이 되자 무섭도록 금값이 올랐습니다.

지금 여러분은 떨어지는 아파트 가격을 견디기 위해 시골 전답을 싸게 팔고 있지는 않는지요. 제가 살고 있는 지역이 시골이다 보니 그런 모습이 곳곳에서 보이고 있습니다.

그들은 또 왕성한 식욕으로 시골 전답을 매입해서 그들이 지금 손해 보고 있는 강남 아파트값보다 훨씬 더 큰 이익을 실현할 것입니다. 이제까지 사회적 불안과 위기는 그들에게 투자의 기회로 왔다는 역사적 사실을 잊어서는 안 됩니다.

남은 이야기

분명 소비재의 하락은 소비자에게 좋은 것입니다. 집이 소비재라고 할 때 부동산 가격이 떨어지는 것은 좋은 것입니다. 그런데 왜? 지금 하락하는 집값에 서민들이 울고 있는 걸까요? 모두들 그놈의 지렛대 투자 효과니 뭐니 떠드는 말에 넘어가서 차후에 가격이 오를 것으로 생각하고 무리하게 대출을 받아 집을 사들였기 때문입니다.

95년경 컴퓨터 램 값이 폭등한 적이 있습니다. 그때 저도 컴퓨터 장사를 하고 있었기 때문에 램 값이 폭등하는 것에 대비해서 램을 모아놓고 있었습니다. 하지만 한방 먹었지요. 새로운 방식의 램이 출하되면서 기존 제품들은 그냥 쓰레기로 전락해 버렸습니다.

집이 소비재인 이유는 여기에 있습니다. 아무리 좋은 집이라고 해도 젊은 새댁의 마음에는 들지 않는다면 가치가 없습니다. 젊은 새댁은 새로운 것을 찾음으로써 소비를 창출합니다. 그러니 이런 소비재에 빚을 내서 투자하고 이익을 얻으려고 했던 생각 자체가 잘못된 것입니다. 마치 백화점에서 세일하는 물건을 구매해서 정상가로 팔겠다는 생각과 같은 것이지요.

아파트는 대기업에서 만들어 파는 소비재입니다. 그럼 그들의 판매전략에 우리는 어떻게 대처해야 할까요? 일반적인 소비와 마찬가지로 건전한 소비를 해야지요. 건전한 소비란 무엇일까요? 우리가 현재 살고 있는 수준에 맞추어 집을 사는 것입니다. 아파트를 살 때 투자라는 개념 대신 내 수준에 맞는가를 생각해야 합니다. 남들도 이렇게 살고 있으니 나도 이렇게 살 수 있어, 라고 생각해서는 안 됩니다. 소비는 한 단계 낮추고 저축은 한 단계 높이면 삶이 조금 더 여유로워질 것입니다.

오늘도 집값 폭락에 대하여 전세금을 못 받는 문제가 기사로 떴더군요. 이런 대안 없는 공포를 조장하는 사람들은 꿍꿍이속이 있는 사람들이 대부분입니다. 또 다른 사기꾼과 영합하여 장사를 해보려는 것이지요.

특별한 인연, 고령토아저씨

두 해 전에 낯선 노신사가 대전으로 나를 찾아왔다. 내가 가지고 있는 토지 지역 일대가 고령토 나오는 지역이니까 개발할 수 있도록 동의서에 도장을 찍어 달라는 것이었다. 거절했다.

"어르신이 그 땅을 개발하면 땅값이 오를 것이고 난 아직도 그 지역의 땅을 더 구입해야 하는데 내가 개발을 동의해 줄 이유가 없지 않나요?"

그분은 내 거절에 아랑곳 하지 않고 몇 번을 더 찾아 왔다.

"모두 동의하는데 왜 사장님만 안 된다는 겁니까? 정 그렇게 나오시면 사장님이 가지고 있는 땅만 빼고 산림전용허가를 받아서 고령토를 채취하겠습니다."

'어, 이건 아닌데……'

순간 나는 당황했고 서둘러 도장을 찍어주었다.

"괜한 고집을 부려 죄송합니다. 먼 길 오시느라 힘드셨을 테니 이거라도."

나는 사죄의 마음으로 그 분 손에 고급술까지 한 병 들러서 보내드렸다. 나중에 안 사실이지만 그 분 하시는 일이 내 땅을 밟지 않고는 되지 않는 일이었다. 그렇게 그 노신사와 인연이 되어 근근이 소식을 주고받는 사이가 되었다. 하루는 그 분이 전화를 했다. 이야기를 들어보니 자금난에 허덕이는 것 같았다. 나는 계약서 한 장 없이 무통장 입금으로 3천만 원이라는 돈을 보내드렸다. 그 후 이 분이 나에게 갖는 신뢰는 대단한 것이 되었다.

어떻게 잘 알지도 못하는 사람에게 선뜻 돈을 보낼 수 있냐고? 사람에게는 느낌이라는 것이 있다. 그 분이 타고 다니는 낡은 차와 오래된 전화번호, 몇 시간 동안 술잔을 부딪치며 나눈 대화가 그분을 파악할 수 있는 전부였다. 하지만 그분에게서는 뭔가 모를 좋은 기운이 느껴졌다.

인생 재밌다. 지금 내 상황이 당시의 그 분과 똑같기 때문이다. 같은 상황에서 이번에는 내가 회원들에게 도움을 받고 있는 것이다. 더 재밌는 것은 고령토아저씨가 나에게 했던 말을 내가 지주들에게 반복하고 있는 것이다.

"당신 땅 빼고 개발할라요."

그렇게 우리는 토지의 대부분을 계약했다. 아직 약간의 땅을 더 사야 한다. 그날까지 나는 그 땅이 어디에 있는지 공개하지 않을 것이다. 물론 구매가 완전히 끝나고 나면 지주클럽을 통해서 왜 그 땅이 그렇게 첫 키스보다 짜릿하고 좋은지를 말하게 될 것이다. 아주 큰소리로 떠들고 다닐 것이다.

그래야 또 우리 지주클럽 회원들이 얼마나 대단한 보물을 가지고 있는지 알게 될 것이고 그 보물을 향해 많은 사람들이 몰려들 것이기 때문이다. 그것만이 이제껏 나를 믿어준 많은 회원들에 대한 나의 유일한 보답이 될 것이다. 난 믿고 있다. 사람이 힘이라는 것을. 그래서 이 책을 통하여 함께 하고자 하는 사람들을 만나고 싶다.

전원주택과 열효율

한통의 전화를 받았다. 참 오래간만에 받은 반가운 전화였다. 술을 좋아하는 사람에게 밤새워 함께 술을 마시며 이야기할 수 있는 사람의 전화처럼 반가운 게 없을 것이다.

하지만 내게 전화를 건 선배님은 술 먹자고 하는 대신 메일을 하나 보냈으니 검토해보라고 했다. 옥천처럼 작은 시골동네의 강점이자 무서움이 선배의 지령이다. 무슨 군대도 아닌 것이 군대보다 더 엄격한 선후배의 규율을 강조한다. 그 이유는 술값이나 밥값은 선배가 항상 내고 후배는 선배의 말을 무조건 잘 따른다는 아주 촌스러운 전통이 지켜지는 동네이기 때문이다.

메일을 열어보니 전원주택에 대한 자료였다. 속으로는 별것 있겠나 하는 마음에 자료를 하나씩 확인해 보았다. 내용은 아주 간단했다. 하지만 거기에는 아주 중요한 부분이 있다는 것을 곧 깨달았다.

주택건축에 있어서 중요한 것이 에너지의 효율성인데 그런대로 에너지 비용이 저렴한 쪽으로 대처하여 오긴 왔으나 한계가 있다는 것이다. 그러기 때문에 선진국 주택처럼 우리나라도 에너지를 효율적으로 이용할 수 있는 주택을 지을 수 있어야 한다는 것이다.

일단 나는 물음표를 던지고 자료를 훑어보기 시작했다. 자료에 대한 내용은 제로에너지하우스에 대한 내용이었다. 과연 가능할까라는 의문을 품고 내용을 자세히 보았다.

전원주택에 대한 문제점 중 하나로 비싼 난방비를 꼽는다. 그 해결책으로 일부는 태양열에너지를 이야기하기도 하고 대부분 지열이나 심야전기를 이용한 난방을 거론하기도 한다.(이명박 정부의 녹색성장 구호에 태양발전 등 관련 투자를 했던 많은 사람들이 어려움을 겪고 있다. 그 녹색성장의 녹색이 4대강의 녹조라는 것을 누가 알았을까.)

하지만 심야전기는 이미 한전에서 정책적으로 그 요금을 올리기 시작했기 때문에, 있는 시설도 철거를 해야 할 시점이고 태양열을 이용한 방법은 정부의 정책적 지원으로 그나마 좀 실행되는 것처럼 보이지만 북반구에 속하는 우리나라의 기후 여건상 일조량의 부족으로 그 현실성이 없다는 것이다. 이 부분에 대하여는 내가 너무 잘 알고 있다.(나에게는 오랜 선배인 박근억이라는 보일러 분야의 대가가 자문을 해주기 때문이다.)

요즘 인터넷을 뒤져보면 시골에서 화목 보일러를 이용하여 난방을 하는 모습을 사진에 올려놓는 경우가 종종 있다. 하지만 현실은 그렇지 않다. 옥천 하고도 까막골이라고 불릴 정도의 시골에 살았던 나는 고등학교에 입학해서까지 소여물을 쑤기 위해 겨울이면 나무를 하러 갈 정도였다. 산에 있는 나무가 공짜라고 생각하는 순진한 도시민들이 있어서가 문제다. 나무도 공짜가 아니지만 그 나무를 가져다가 집 한쪽에 쌓고 밤이고 낮이고 난방을 위해 불을 지피는 것이 얼마나 큰 노동인지 모르는 사람들의 이야기인 것이다.

그러기 때문에 시골에서는 이미 오래 전부터 "올 겨울에는 아버님 댁에도 보일러 놔 드려야겠어요."라는 광고 덕분에 모두들 기름 보일러로 교체한 상황이다. 그럼에도 불구하고 기름 값은 하루가 멀다 하고 오르고 나이는 먹다보니 난방비 걱정에 시골 노인들이 집을 포기하고 시내에 작은 빌라라도 얻어서 나와 사는 입장인 것이다. 정말 그러냐고 묻는 사람들이 있지만 시골주택이나 요즘 짓는 전원주택에서의 문제가 바로 이놈의 난방비인 것이다. 한해 겨울을 두 노인이 따뜻하게 나려면 적어도 도시의 일반 가정의 일 년 관리비 이상 나간다면 믿을 수 있을까? 이 덕분에 겨울이면 노인들이 마을 회관에서 모여서 시간을 보내고 집에 돌아와서는 전기장판 하나에 의지 하는 상황인 것이다.

그나마 자식들이나 찾아와야 손자 감기 걸릴까 불을 피우는 실정인 것이다.

옛말에 '바늘구멍에 위목 오강이 언다.' 는 말이 있다. 어린 시절 겨울이면 아침에 일어나 잠 덜 깬 눈을 비비며 윗목에 있는 얼어 있는 오강을 뜨뜻한 오줌발로 녹이던 기억이 떠오른다. ㅎㅎㅎ

이러한 현실로 볼 때 기존 에너지 소비형 주택에 비해 에너지 절약형 주택이 난방비를 20%까지 낮출 수 있다는 이야기는 획기적이 아니라 경이로울 정도였다. 하지만 뭐든지 실험 결과의 데이터와 체감할 수 있는 데이터가 다르기 때문에 그 말을 바로 받아들이기는 어려웠다.

강원도 홍천에 위치한 '살둔제로에너지하우스' 의 자료를 보면서 나의 이런 불신은 사라지게 되었다. 단순한 데이터가 아니라 상당한 근거를 기초로 한 주장이라는 것이다. 어떻게 이런 말을 감히 생선장수가 말할까 라고 생각하는 사람도 있을 수 있다. 하지만 나는 생선장수를 10년 동안 하면서 냉장고와 수 없이 많은 씨름을 해야 했다. 덕분에 단열이나 열효율에 대하여는 어설픈 전문가만큼은 알고 있다. 솔직히 내가 선배의 자료를 아주 자세히 그리고 아주 꼼꼼히 본 이유는 딱 하나였다. 그의 무모해 보이기까지 하는 행진을 말릴 수 있는 논리를 찾기 위해서이다. 새로운 사업을 하는 것이 얼마나 어려운 일이며 이런 종류의 사업들이 처음의 요란함과 달리 그 끝이 어떤지를 알기 때문이다. 하지만 내가 그런 불신의 눈으로 모든 자료를 보았을 때 나의 대답은 하나였다.

전화기를 들고 고백했다. "선배님, 지주클럽이 전원마을을 조성합니다. 제가 선배님의 큰 도움을 받아야겠습니다."

아래 내용은 내가 받은 메일의 전문 중의 일부를 발췌하여 정리한 것이다. 욕심 같아서는 조금 더 자세히 다르고 싶지만 출판 원고의 마감을 앞두고 있어 아쉬울 뿐이다. 세 번째 생선장수 염장지르기 시리즈가 나온다면 아마도 '생선장수 전원주택 염장지르기'가 아닐까 싶다. 컬러판 책이 아니라 사진자료를 싣기 어려운 것도 또 다른 아쉬움이기는 하지만 웹에서 확인할 수 있으니 참고 바란다. www.zeroenergyhouse.kr

주택에서의 에너지 생산과 절약

전 세계가 노력하고 있는 에너지절약 열풍은 주택에서도 마찬가지로 일어나고 있다. 주택에서의 에너지 이용량은 우리가 흔히 생각하는 것보다 훨씬 많다.

우리나라에서는 최종에너지소비량 기준으로 주거용 건물이 전체

에너지 량의 20퍼센트 가량을 쓰고 있으며, 이산화탄소가스 배출량의 30퍼센트 이상 그리고 오존층 파괴원인인 화학원료 이용의 절반 가까이를 쓰고 있다고 한다.

이처럼 주택에서의 높은 에너지 소비량은 곧바로 주택 소유자들이 매달 부담해야 하는 냉난방 비용으로 직결되며, 대도시를 떠나 사는 일반 개인주택 또는 전원주택 소유자에게는 더욱 큰 부담으로 다가간다. 도시에서 난방을 위해 주로 사용되는 도시가스 비용은 농촌에서 주로 이용되는 난방의 경우에 비해 같은 에너지 량 대비 3배 가량 저렴하게 공급되기 때문이다.

즉, 같은 에너지량 기준으로 농촌에 있는 주택 소유자는 3.5배에 달하는 비용을 난방에 지불해야 하는 것이다. 국가 정책으로 인해 국민 세금으로 보조되는 도시가스 비용은 역설적으로는 농촌에 있는 주택 소유자의 난방비를 도시에 비해 3.5배나 더 높게 내야하는 것으로 이어지고, 농촌에 살고 계시는 많은 수의 노인분들이 매우 제한된 난방 운영 하에서 매우 춥게 지내는 근본이유이기도 하다.

건축주가 만족할만한 실내온도를 유지하면서 냉난방 비용을 줄이는 방법은 크게 두 가지가 있다. 하나는 기존의 값비싼 에너지원을 신재생에너지로 바꾸어주는 것이며, 다른 하나는 주택에서의 에너지이용량 자체를 감소시켜 에너지가 덜 필요하도록 하는 것이다.

즉 하나는 '에너지생산주택'이고 다른 하나는 흔히 말하는 '에너지절약 또는 패시브하우스 / 제로에너지하우스'이다. 두 가지 다른 접근방법은 초기 비용과 운영비용에서 차이점이 있다.

첫 번째로 초기 비용의 경우에는 신재생에너지쪽이 우세하다는 것이 일반적인 여론이다. '에너지생산주택'의 경우 일반 주택에 신재생에너지 설비를 추가한 것으로, 신재생에너지 설비의 가격이 점차적으로 낮아지는 추세이며, 국가에서는 절반 또는 그에 가까운 보조금을 지급해주고 있다.

일반적으로 개인 주택에 3Kw 태양광 설비를 설치하는 데에는 천만 원 이하의 금액이 소요된다. 반면 '패시브하우스'의 경우는 간단한 설비를 추가하는 정도가 아닌 주택 전체의 설계와 시공을 기준에 부합되도록 적용하여야 하는 이유로 최소 30퍼센트 이상 초기 비용이 상승한다는 것으로 알려져 있다.

운영비용 측면에서도 신재생에너지의 경우에는 원칙적으로 운영상의 비용은 없다. 가끔 필요할 A/S를 제외하고는 말 그대로 공짜로 에너지를 수십 년간 쓸 수 있다. 패시브하우스의 경우에는 에너지 수요를 대폭 줄였음에도 최소한의 냉방과 난방비용은 필요로 한다.

그렇다면 극단적인 구분인 에너지생산주택과 에너지절약주택 중 승자는 에너지생산주택일까? 그렇지는 않다. 에너지생산주택이 만

들어 내는 에너지의 양이 주택 내 에너지 량을 커버하기에는 압도적으로 부족하기 때문이다.

태양광이든 풍력발전이든 신재생에너지설비가 만들어 내는 것은 전기이며, 하루 최대 생산량은 10Kw이내이다. 한 달이면 300Kw정도 되는데, 이 정로의 전기에너지로 할 수 있는 냉난방의 효과는 매우 제한적이다. 이 점은 에너지 소비량이 더 많은 겨울철 난방에 더 부각되는데, 이 정도의 전기에너지량으로는 한 달에 필요한 기준의 십분의 일도 안 되는 양이다.

결국 신재생 에너지가 만들어내는 전기는 일반 가전제품 사용량 정도만을 커버할 수 있다. 금액적인 측면에서도 한 달 최대 5만원이 안 된다. 태양열의 경우에도 마찬가지다. 태양열로 얻을 수 있는 온수의 비용은 최악의 선택인 전기순간온수기를 사용한다고 해도 한 달에 만 원을 넘기 어렵다. 결론적으로 '에너지생산주택'에서의 에너지 생산량은 그 주택이 필요로 하는 에너지의 십분의 일도 감당하지 못한다는 것이다.

그렇다면 에너지절약주택의 경우는 어떠할까? 초기 시공비용을 제외하면 연간 지불되는 냉난방비용은 매우 적다. 난방의 경우 매우 추운 강원도 산골을 기준으로 하더라도 한 달에 오만 원을 넘기지 않는다.

냉방의 경우에는 그 수치가 더욱 낮아서, 대부분의 경우 에어컨 없이도 섭씨 30도가 넘는 여름날을 23도 이하의 온도에서 지낼 수 있다. 게다가 간단한 유지보수만 몇 년에 한 번씩 해주면 반영구적인 수명을 가지고 있다.

결과적으로는 에너지절약주택의 압승이다. 이러한 이유로 전 세계적으로 소위 말하는 패시브하우스가 연간 300퍼센트의 속도로 증가하고 있으며 독일을 포함한 많은 유럽의 나라들에서는 이러한 기준에 못 미치는 주택은 신축허가조차 안 해주고 있다.

그렇다면 이러한 주택의 핵심기술은 무엇이며, 초기 비용 증가를 최소화할 수 있는 방법은 없을까? 이와 같은 에너지 절약 주택의 핵심은 건물외부 전면에 걸친 높은 단열에 있다.

쉽게 생각하면 집을 보온병과 같이 만드는 것이다. 보온병에 작은 틈새만 있어도 열이 쉽게 새어나가듯이, 집 전체를 단열재로 두껍게 싸서 실내 열, 즉 실내 온도가 최대한 오래 지속되도록 하는 것이다.

이론적으로는 매우 쉬운 이야기처럼 들리지만, 현실의 세계에서 주택을 보온병화하기는 쉽지 않다. 대부분의 주택에서 단열재를 사용하기는 하지만 보온병효과를 내기에는 기존의 설계나 시공방식에서 탈피해야만 하기 때문이다. 관행과는 다른 설계 시공이 필요로 하고, 이는 초기 비용의 상승으로 연결된다.

전 세계에서 이와 같은 에너지 절약주택을 두고 끊임없는 연구가 이루어지고 있지만, 그 목표점은 초기 비용 상승의 최소화라는 공통점을 가지고 있다. 즉 전 세계의 수많은 연구자와 회사들은 실현 자체가 문제가 아니라 얼마나 적은 비용으로 실현가능하게 하는 것인가를 두고 노력하는 것이다.

하지만 국내에서 정부나 기업 차원에서 진행되는 관련 연구들은 아직도 실현자체에 목표를 두고 있는 매우 기초적인 상태에 머물고 있다. 정작 노력해야 할 기업에서는 아직까지도 단기적인 홍보 효과를 노리는 단편적인 보여 주기용 연구를 진행하고 있다.

반대로 국가나 기업이 아닌 매우 작은 규모의 민간차원에서의 연구와 실천은 국가나 기업의 수준을 몇 년씩이나 앞서서 진행되고 있다. 이러한 사례의 대표적인 것이 강원도 홍천에 위치한 '살둔제로에너지하우스'이다.

강원도 홍천군에 위치한 살둔제로에너지하우스는 기후변화와 유가상승에 대응하고자 민간차원에서 계획되고 2008년 1월에 완공된 주택이다. 고갈되는 화석에너지로 인한 에너지 위기를 대비하여 지금 현실적으로 할 수 있는 최선의 방법이 '절약'이라는 건축주의 믿음 안에서, 건축주가 주체가 되어 수년간의 노력을 통해 국내에서 가장 추운 지역 중의 하나인 강원도 홍천군 내면에서 냉난방을 위한 화석연료의 이용이 없는 제로에너지하우스가 기획 및 설계·시공되었다.

이 주택은 몇 년 전에 강원도 에너지대상과 국회의장이 주는 기후변화상의 대상을 받은 주택으로 매년 수천 명이 다녀가고 있는 곳이다. 이 주택은 흔한 보일러 하나 없이 겨울철 영하 25도 이하의 온도가 며칠씩 계속되는 상황에서도 실내온도를 23도 이상으로 24시간 유지하며, 여름철에는 35도가 넘는 무더위에도 실내온도를 하루 종일 23도 이상으로 유지하고 있다.

이는 십여 년에 걸친 연구의 결실이다. 건축주의 노력은 초기 비용을 최소화 하면서 이러한 주택의 성능을 실현화하기 위한 것이었으며, 결과적으로 기존 목조주택 비용과 유사한 비용에서 실현이 가능하도록 자재와 시공방법을 단순화하는 데 성공했다.

건축주는 지금까지의 학습 및 적용을 통해 구축된 지식과 노하우를 홈페이지(www.zeroenergyhouse.kr)를 통해 공유해 나가고 있으며, 시공직후부터 일 년 가량이 지난 지금까지 매주 100명 이상의 희망 건축주 및 건축 관련인들의 방문을 맞이하여 일반 건축주들의 관련 관심 및 기본 지식배양을 위해 노력하고 있다.

또한, 살둔제로에너지하우스를 통한 경험을 바탕으로 개선된, 다양한 접근방법의 현실화를 위해 노력하고 있으며, 기술지원 및 컨설팅 방법으로 단독주택 및 단지 형태의 전국 여러 프로젝트에 참여하고 있다.

주택에서의 에너지절약은 이제 선택의 문제가 아닌 필수 조건이 되어 가고 있다. 이제는 외국 사례를 들여오는 것에만 치중할 때가 아닌 우리나라 기후와 건설환경에 적합한 최저비용의 실현방법을 다양한 측면에서 연구하고 노력할 때이다.

"가족은 과거이며 미래이다. 그래서 난 우리 가족을 항상 소개하며
 가족을 소개하지 않는 사람을 믿지 않는다."

"컨설팅비는 주는 사람이 미안해 할때 가장 만족스럽다."

"시간이 없다는 것은 애정이 없다는 것이다.
 그래서 나는 회원들에게 시간이 없다는 이야기를 하지 않는다."

"진실을 말할 수 있는 것은 지식이 아니라 용기이며
 그 진실을 지키는 것은 시간이다."

"당신이 나에게 계산서를 내밀면 나는 계산기를 꺼낼 것이고
 당신이 나에게 마음을 내밀면 나는 두 손을 벌려 당신을 안을 것이다."

— by 생선장수

생선장수 전원마을 염장지르기

ⓒ2012 정한영

초판 초쇄 · 2012년 10월 10일
초판 발행 · 2012년 10월 17일
초판 2쇄 · 2013년 11월 29일

지은이 · 정한영
펴낸이 · 홍순창
북디자인 · 김연숙
정리 · 임요희
펴낸곳 · 토담미디어
110-360 서울시 종로구 돈화문로 94 (와룡동) 동원빌딩 510호
Tel 02-2271-3335 Fax 0505-365-7845
출판등록 제2-3835호 2003년 08월 23일
http://www.todammedia.com
물류 배본 · 출판물류 비상
출력 · 글로벌프린팅
인쇄 · 승명인쇄

ISBN 978-89-92430-62-2

(주)지주클럽과 함께 성장할 공인중개사를 모집합니다

· 대상지역은 전국. 단 대전시, 옥천군, 영동군, 금산군, 제주 제외
· 現 주부/ 직장인으로 공인중개사 자격증 소지자.
· 2~3년간 (주)지주클럽 아르바이트 수준의 업무 수행.
  (경매 입찰대행 15만 원/ 현장답사 10만 원/ 관공서 업무 5만 원 지급)
  별도 교육프로그램 참여(매달1회, 참여비 제공)
· 1977년 이후 출생자는 향후 정직원 채용(초봉 2,500만 원 수준)
· 1977년 이전 출생자는 지역 대리점 개설(3,000만 원~ 1억 원 보증금 지원)
· 상담후 결정(jijclub@gmail.com) 단, 1983년 이전 출생자이어야 함.